Hosea - Joel - Amos – 2021 – Harald Schneider

Das Zwölf-Propheten-Buch
am Ende der Sonnenzeiten

(Teil 1)

Hosea

-

Joel

-

Amos

Deutschen Nationalbibliothek verzeichnet diese Publikation in der Deutschen Nationalbiographie; Detaillierte bibliographische Daten sind im Internet über http://dnb.dnb.de abrufbar.

Das Zwölf-Propheten-Buch
am Ende der Sonnenzeiten
Hosea – Joel – Amos

© 2021 Harald Schneider

Herstellung und Verlag:
BoD - Books on Demand, Norderstedt

ISBN
9 783755 752837

Das Buch Hosea

Das Buch Joel

Das Buch Amos

Einleitung		67
Am 1,1-2	[Amos 1-2 und die Zahlenkette von 1-4]	69
Am 1,3-8		73
Am 1,9-12		75
Am 1,13-2,3		76
Am 2,4-5	[Die vier Verbrechen, damals und heute]	77
Am 2,6-8		79
Am 2,9-16	[Das große Erdbeben]	80
Am 3,1-8		82
Am 3,9-15		83
Am 4,1-3		84
Am 4,4-5		85
Am 4,6-11	[Amos 4,6-11 und Levitikus 26]	86
Am 4,12-13		88
Am 5,1-9	[Die Sternbilder Am 5,8 und Hi 38,31-32]	89
Am 5,10-15		93
Am 5,16-20		94
Am 5,21-27	[Ein Stern in Israels Geschichte]	95
Am 6,1-7		97
Am 6,8-14		98
Am 7,1-9	[Die Visionen des Amos]	100
Am 7,10-17		102
Am 8,1-8	[Das große Erdbeben]	103
Am 8,9-14		105
Am 9,1-6		107
Am 9,7-15	[Die vier Verbrechen, damals, heute, wir]	108

Das Zwölfprophetenbuch – 2021 – Harald Schneider

Vorwort zu Hosea

Das Buch Hosea besteht überwiegend aus Offenbarungsgut von Gott und bildet Teile der Geschichte Israels von der Zeit der Vorväter bis zum Staat Israel ab. Darüber hinaus sind aktuelle Themen, wie die Folgen des Klimawandels offen angesprochen.

Kaum ein Bibelbuch spricht in so vielen Bildern, wie das Buch Hosea. Es beginnt schon damit, dass Hosea das Verhältnis zwischen Gott und Israel in seiner Ehe nachvollziehen soll (Hos 1,1-9; 3,1-3).

Immer wieder blitzen die Vorväter bis zu Adam auf, um Zusammenhänge und Entwicklungen deutlich zu machen (Hos 2,1 u. ö.).

Chronologisch betrachtet entsteht ein konkretes Zeitbild, wie die Tage von Israels Baal Kult abgerechnet wurden (Hos 2,15), wo und wann Israel Erleichterung erfahren hatte, und wann sie tatsächlich in ihr Land zurückkehrten (Hos 3,5). Einige Gerichtsaussagen sprechen eine ganz andere Zeit und einen ganz anderen Ort an, nicht das alte Israel der Antike. Die Rätselrede lässt z. B. Israel von Assyrien besiegt werden, dann aber entgegengesetzt in Ägypten weilen und in Memphis begraben werden. Eine Auflösung ist hier mithilfe der Elia-Apokalypse möglich. Der beschriebene Götzenkult setzt immer wieder Bilder für die Gegenwart frei, die unser eigenes sittliches Verhalten, aber auch das ganzer Nationen, beleuchten.

Die neu gewonnenen chronologischen Aspekte heben das Buch Hosea von den bisher bekannten Sichtweisen aus Religion und Wissenschaft deutlich ab, da sie uns in die Lage versetzten, apokalyptisches Gut auch als solches wahrzunehmen. Das ganze Trugspiel um eine Regierung wird offengelegt und seine Folgen an Israel verdeutlicht. Hier liegt der Schwerpunkt dieser kurz gehaltenen Kommentierung, die schonungslos darüber spricht, was Jehova uns durch Hosea über das alte und neue Israel und über sein Verhältnis zu ihm und über unser aller Zukunft mitteilt! Das Buch Hosea schließt passend mit der Frage:

> „Wer ist weise, dass er diese Dinge verstehen kann, verständig, dass er sie erkennen kann? – Hos 14,9

Einleitung zu Hosea

Das Hosea-Buch ist an erster Stelle im Zwölfprophetenbuch und ihm folgt in der hebräischen Bibel Joel, in den christlichen Handschriften Amos. Das Zwölf-Propheten-Buch von Nahal-Hever (8HevXII*gr*) aus dem 1 Jhd. stimmt in der Anordnung mit dem Masoretischen Text (MT) überein. Der Text der Septuaginta (LXX) entspricht „weitestgehend dem von der Hebräischen Bibel überlieferten Konsonantentext".[1]

Der Aufbau gegliedert sich in:

Hoseas familiäre Erfahrungen
als prophetisches Bild   Kap. 1-3
und Hoseas Botschaft   Kap. 4-14

Hosea wirkte zurzeit Jerobeam II. von Israel und noch zurzeit Usias von Juda bis zu Hiskia (Hos 1,1). Etwa zu seiner Zeit prophezeiten auch Amos, Jesaja und Micha. Israel war unter Jerobeam auf seinem politischen Höhepunkt angelangt, da es sein Gebiet während einem schwächelnden Assyrien bis an die Grenzen zurzeit Davids ausdehnen konnte. In diesem Wohlstand nehmen aber auch Abfall und soziale Ungerechtigkeiten zu. Die Worte gegen Israel und in Teilen auch gegen Juda rollen die schwerwiegende Bedeutung dieses Abfalls auf und zeigen auf die bevorstehenden und auch die ferneren Folgen, wobei die Liebe Gottes zu seinem Volk, auch wenn es hart gezüchtigt wird, nie ganz erlischt. Eine intakte Kommunikation zwischen Gott und seinem Propheten wird vor allem in seinen familiären Erfahrungen deutlich.

Die Bedeutung des Hosea-Buches wird auch an den Zitaten in den christlichen Schriften deutlich:

Röm 9,25-26 (vgl. 1Pet 2,10)   Hos 2,1.25
Mat 9,13; 12,7   Hos 6,6
Mat 2,15   Hos 11,1
Luk 23,30; Apk 6,16   Hos 10,8

---

[1] Septuaginta Deutsch - Erläuterungen und Kommentare *E. Bons* S. 2287

1 Das Wort JHWHs an Hosea, Sohn Beeris, zurzeit Usijas, Jothams, Ahas und Hiskias, der Könige von Juda, und zurzeit Jerobeams, Sohn Joas, des Königs von Israel. **2** So begann JHWH durch Hosea zu reden, und JHWH sprach zu Hosea: Geh, nimm dir eine Hure zur Frau und zeuge Kinder, denn durch Hurerei wendet sich das Land von JHWH ab. **3** Er ging, und nahm sich Gomer, Diblajims Tochter, sodass sie schwanger wurde und ihm einen Sohn gebar. **4** Und JHWH sagte zu ihm: Nenne seinen Namen Jesreel, denn bald werde ich mit Jehus Haus abrechnen wegen des Blutvergießens in Jesreel, und ich werde die Königsherrschaft des Hauses Israel beenden. **5** An jenem Tag werde ich Israels Bogen in der Ebene Jesreel brechen. **6** Und sie wurde wieder schwanger und gebar eine Tochter. Und Er sprach zu ihm: Nenne ihren Namen Lo-Ruhama, denn ich habe mit dem Hause Israel kein Mitleid, sodass ich ihnen vergeben würde. **7** Aber dem Hause Juda werde ich Mitleid erweisen, und ich will sie retten durch JHWH, ihren Gott, aber nicht durch Bogen oder Schwert oder Krieg, Rosse oder Reiter. **8** Und sie entwöhnte Lo-Ruhama und wurde dann wieder schwanger und gebar einen Sohn. **9** Er sprach: Nenne seinen Namen Lo-Ammi, denn ihr seid nicht mein Volk, und ich bin nicht mehr euer Gott.
1 Die Zahl der Söhne Israels soll wie die Sandkörner des Meeres werden, nicht zu messen oder zu zählen. Der Spruch: ‚Ihr seid nicht mein Volk', weicht dem Spruch: ‚Söhne des lebendigen Gottes.'
2 Die Söhne Judas und die Söhne Israels werden sich vereinigen unter einem Haupt und aus dem Land heraufziehen, denn groß wird der Tag von Jesreel sein. **3** Nennt eure Brüder: [Ammi] ‚Mein Volk!' und euren Schwestern: [Ruhama] ‚Der Mitleid erwiesen wurde!'

1 Joel 1,1; Mi 1,1; Zep 1,1; Am 1,1; 2Kö 14,23 **2** Dtr 31,16 **3** Hos 3,1; Jes 8,3 **4** Hos 2,24; 2Kö 10,31 **6** Hos 2,25 **7** Hos 11,12 **1-3** Gen 13,16; 26,4; Rö 9,26; 1Pet 2,10

V. 1 Hosea nennt nur ein König Israels, Jerobeam II. vorweg, aber vier Könige Judas, die parallel und bis zum Ende Israels herrschten. V. 2-9 Die Namen seiner Familie veranschaulichen Israels Status vor Jehova. (V. 4) Jehus Haus sollenden (V. 7), Judas Haus gerettet und (V. 9) Gottes Bindung zu Israel aufgelöst werden. V. 1-3 In einem Wortspiel mit den oben genannten Namen wird die fernere Zukunft Israels im entstandenen Verbund mit Juda beschrieben, die als ein Israel heraufziehen würden.

Die Rückkehr Israels

Hos 2,2 spricht eine Rückkehr Israels an, die als solches historisch nicht erfasst werden kann! Die Judäer sind vom Exil in ihre Heimat zurückgekehrt, während von Israel in Hos 13,12-14 gesagt wird, es habe seine Geburt verhindert und muss aus dem Tod wiedergeholt werden. Ihnen wurde damals auch kein Mitleid erwiesen. Das wirft die Frage auf, wann Israel im Sinne von Hos 2,2 wiederkehrte? Dort wird vom Tag Jesreel und nicht dem Tag Judas gesprochen (Hos 2,24.25). Die Vereinigung unter einem Haupt (Hos 2,2) gleich David (Hos 3,5) fand erst „am Ende der Tage" statt, eine Zeitangabe, die auf den Ablauf einer Großraumzeit hinweist. Der „Eingang zur Hoffnung", den Israel passierte, entstand nach dem Mittelalter, wahrscheinlich aber erst nach dem US-Bürgerkrieg (Hos 2,17.20). Siehe [Das Tal Achor in Hosea 2,17 und Jesaja 65,10].

Eine aus dem Kaufpreis für seine Frau aufgespürte Chronologie in Hos 3,2 stützt die These einer späteren Rückkehr. Dort wird über 15 Silberstücke (als Jahrwochen bemessen) hinter dem Untergang Israels ein Schirm in Homer-Maßen (als Jahrjahre) aufgespannt, der von den Anfängen der Vorväter (halbes Homer) bis zur neuzeitlichen Gründung Israels (ganzes Homer) reicht. Diese in der Apokalyptik bekannten Siebener, deren Identifizierung als Wochen häufig widersprochen wird, bietet eine passende Lösung in Mondzeiten (7x354) und in Sonnenzeiten (7x365) an [Hos 3,2 – Der Brautpreis Israels].[2]

---

[2] Im Buch 4. Esra, das Luther aus der Vulgata nicht mit übersetzte, heißt es in der Erklärung zu einer Endzeitvision eines Menschen auf den Wolken: „Und wenn du gesehen hast, dass er eine andere, friedliche Menge rief und bei sich versammelte, so sind das die zehn Stämme, die gefangen genommen waren in ihrem Land in den Tagen des Königs Josias, die Salmanassar, der König von Assyrien, gefangen wegführte. Er führte sie über den Fluss und sie wurden in ein anderes Land gebracht. Sie selber aber fassten den Plan, die Menge der Völker zu verlassen und in ein noch mehr im Innern gelegenes Land zu ziehen, wo bisher niemals das Menschengeschlecht gewohnt hatte, um wenigstens dort ihre Gesetze zu halten, die sie in ihrem Land nicht gehalten hatten" – 4Esr 13,39-42 *Josef Schreiner*

4 Verklagt eurer Mutter, verklagt sie, denn sie ist nicht meine Frau, und ich bin nicht ihr Mann. Sie soll ihre Hurerei von sich entfernen und ihren Ehebruch zwischen ihren Brüsten, **5** sonst ziehe ich sie nackt aus und stelle sie hin, wie am Tag ihrer Geburt. Ich mache sie einer Wildnis gleich und einem dürren Land und lasse sie verdursten. **6** Ihren Söhnen werde ich kein Mitleid erweisen, denn sie sind aus Hurerei. **7** Ihre Mutter beging Hurerei. Die schwanger war, handelte verwerflich, denn sie sagte: ‚Ich will meinen Liebhabern nachgehen, die mir Brot und Wasser, Wolle und Leinen, Öl und Getränk geben.‘ **8** Darum versperre ich ihren Weg mit Dorngestrüpp und einer Steinmauer gegen sie, sodass sie ihre eigenen Wege nicht mehr findet. **9** Und sie wird ihren Liebhabern nachgehen, sie aber nicht einholen, und wird sie suchen, aber nicht finden. Und sie wird sagen: ‚Ich will zu meinem ersten Mann zurück, denn früher ging es mir besser als jetzt.‘ **10** Sie hat nicht erkannt, dass ich ihr das Korn und den Wein und das Öl gab, und ich ihr viel Silber gab und Gold, das sie für den Baal nutzte. **11** Deshalb nehme ich mein Korn zu seiner Zeit und meinen Wein zu seiner Zeit weg, und will meine Wolle und mein Leinen zur Bedeckung ihrer Blöße entziehen. **12** Ich werde ihre Scham aufdecken vor den Augen ihrer Liebhaber, und kein Mann entreißt sie meiner Hand. **13** Ich beende ihre Freuden, ihre Feste, ihren Neumond und ihren Sabbat und alle ihre Festzeiten. **14** Und ich verwüste ihren Weinstock und ihren Feigenbaum, von denen sie sprach: ‚Eine Gabe von meinen Liebhabern.‘ Ich mache sie zu einer Wildnis, sodass Tiers des Feldes sie fressen. **15** Ich rechne die Tage ihrer Baale ab, denen sie räucherte, als sie sich mit ihrem Ring und ihrem Schmuck zierte und ihren Liebhabern nachging, und mich vergaß, ist der Ausspruch JHWHs.

4 Jes 50,1 Jer 3,1.8.9 **5** Jer 13,22; Jes 33,9; Hes 19,13 **7** Hes 23,5; Hos 3,1; 9,10 **8** Hi 19,8 **9** Luk 15,18; Hos 11,1-3 **10** Hos 8,4; 13,2 **12** Jer 13,26 **13** Jes 24,8; Am 8,10 **14** Jes 5,5; Mi 1,7; 3,12 **15** Baale = Liebhaber V. 7.9.12.14; Hos 11,2; Am 3,2

V. 4-15 geht auf die durch Hoseas Familie veranschaulichte Situation in Kapitel 1 zurück, und verklagt jetzt die Frau Israel, die Gaben Gottes ihren falschen Göttern zuschrieb (V. 7.10), und die deshalb diese Gaben verlieren soll (V. 11.13.14). Der Weg zum Baal wird versperrt (V. 8.12) und ihre Untreue abgerechnet (V. 15).

Die Rollenverteilung in V. 4 wirkt irritierend. *Hans Walter Wolff*: „Es überrascht, dass in der allegorischen Rede die Söhne gegen die Mutter auf die Seite des Vaters gezogen werden. Denn steht nicht hinter Mutter und Söhnen Israel. Sollten Israeliten gegen Israel stehen?"[3] Diese Söhne treten offensichtlich in einem größeren zeitlichen Rahmen auf, späte Nachkommen Israels mit einem weiten Abstand zur Mutter, die als Verursacherin verklagt wird. Wann gedenkt der Mann (Gott) seine Söhne als Kläger hinzuzuziehen?

Gott sagt sich von seiner Frau los, d. h. lässt seine Ehe annullieren, wenn sie ihre schlechten Gewohnheiten nicht aufgibt. Dieser Wenn-Dann-Situation, die ja auch Zeit zur Korrektur einräumen muss, wird V. 5 das Nacktsein als Zurechtweisung oder Bloßstellung angedroht, ein nicht gesegneter Zustand, vergleichbar mit einer dürren Wildnis. V. 6 Die Söhne der Hurerei (Hos 1,2) bekommen auch kein Mitleid, solange dieser Prozess anhält. V. 7 Der Anklage, falschen Göttern nachgegangen zu sein V. 8 folgen unterstützende Maßnahmen, sodass sie von ihren falschen Wegen abkommt. V. 9 Ihr Drang weicht so ihrer Einsicht, zu ihrem ersten Mann (Gott) zurückzukehren.

V. 10 Da Israel nicht seinen Gott als Urheber seines Wohlstandes zurzeit Jerobeams II. erkannte, wird ihnen V. 11 dieser Wohlstand zu seiner Zeit entzogen werden, und V. 12 Nackt (d. h. im Exil) wird das Einzige was Israel nicht genommen werden kann, sein Gott sein. V. 13 Mit den Festen und V. 14 dem Wohlstand im Land wird es dann vorbei sein. V. 15 Die Tage ihrer Baale werden abgerechnet, was auf ein genaues Maß schließen lässt, wie es sich im späteren Brautpreis widerspiegelt (Siehe die Übersichten in [Hos 3,2 – Der Brautpreis Israels], wo dem abgelaufenen halben Homer ein volles Hommer beigefügt wird).

---

[3] *Hans Walter Wolff* BKAT XIV, Dodekapropheton 1 Hosea (1976), Seite 39

16 Darum locke ich sie in die Wildnis und will ihr zu Herzen reden, **17** und dort will ich ihr ihre Weingärten geben und die Ebene Achor als Eingang zur Hoffnung. Und sie wird dort auf mich hören wie in den Tagen ihrer Jugend, als sie aus dem Land Ägypten heraufkam. **18** Und an jenem Tag, ist der Ausspruch JHWHs, wirst du mich mein Mann nennen, und nicht mehr mein Besitzer. **19** Und ich entferne die Namen der Baale aus ihrem Mund, damit die Erinnerung an sie erlischt. **20** Und ich schließe an jenem Tag einen Bund in Verbindung mit den wilden Tieren des Feldes und mit den Vögeln der Himmel und den Kriechtieren der Erde, und Bogen, Schwert und Krieg zerbreche ich aus dem Land, und ich will sie in Sicherheit ruhen lassen. **21** Ich verlobe dich mit mir für immer. Ich verlob dich mit mir in Gerechtigkeit und Recht, in Liebe und Erbarmen. **22** Ich verlob mich mit dir in Treue, damit du JHWH erkennst. **23** Und an jenem Tag werde ich erhören, ist der Ausspruch JHWHs, ich werde die Himmel erhören, und sie werden die Erde erhören, **24** und die Erde wird das Korn und den Wein und das Öl erhören, und diese werden Jesreel [Gott wird Samen säen] erhören. **25** Und ich werde sie mir im Land einsäen, und ich werde mich erbarmen, der sich nicht erbarmt wurde, und ich werde zum ,Nicht mein Volk' sprechen: ,Du bist mein Volk', und sie werden antworten: ,Mein Gott'.

16 Hes 20,35 **17** Jos 15,7; Jes 65,10; Jer 2,2; Hes 16,43.60 **18** Jes 54,5 **19** Sach 13,2 **20** Hes 34,25 **22** Jer 31,34 **24** Hos 1,4 **25** Hos 1,6.9; Rö 9,25; 1Pet 2,10

V. 16 Er lockt Israel in die Wildnis, ein Ortswechsel, der nichts mit dem Exil in Assyrien zu tun hat, und redet rehabilitierende Worte. Nicht auf dem Boden Israels, V. 17 sondern dort bekommen sie Weingärten als Eingang zur Hoffnung, und dort wird sie wie früher. V. 18 Die Beziehung zwischen Gott und Israel wird neu hergestellt, V. 19 während der Namen falscher Götter in Vergessenheit geraten. V. 20 Ein Bund besiegelt Israels Frieden, V. 21-22 und die Verlobung basiert auf Treue, um Jehova erkennen zu können. V. 23-24 Die Erhörung bringt den Wohlstand zu Israel zurück, V. 25 wohin sie gesät werden, und wo ihr Verhältnis zu Gott erneuert wurde.

Das Tal Achor in Hosea 2,17 und Jesaja 65,10

Von Jehova in die Wildnis gelockt zu werden (V. 16), erinnert an die Wüstenwanderung nach dem Exodus. Unter diesen nicht idealen Bedingungen hatte Gott seine Liebe gezeigt, und so will er hier Israel zu Herzen reden. Die Ebene Achor lässt den Einzug ins verheißene Land aufblitzen (Jos 15,7). Doch nun ist wieder von einer Wildnis und einem Tal Achor die Rede, von dem auch in Jes 65,10 gesprochen wird, wo „für mein Volk, das nach mir fragt" ein Weg entsteht, während auf die Abtrünnigen nur Kriege, Hunger und der Zusammenbruch wartet.

Jesaja 65	Hosea 2
1-3 Bemühungen Jehovas	4-10 Anklage und ein Ringen zur Umkehr
3-5 Vergehen seines Volkes	
6-7 Gerichtsankündigung	11-15 Segensentzug und Abrechnung
8-9 Treue / Abtrünnige	
10f Weideorte / Krieg, Hunger …	16-17 Weingärten Eingang zur Hoffnung
17f Neue Himmel und neue Erde	18-25 Wiederherstellung und Segen

Hier ist nicht von einer Parallelüberlieferung zu sprechen, doch besteht der gleiche Hintergrund, was ein Gericht nach sich zieht und in beiden Prophezeiungen wird eine Wiederherstellung angestrebt, bei der Wohlstand in der Talebene von Achor eine Rolle spielt!

Der „Eingang zur Hoffnung" (V. 17) entstand in der Neue Welt, und wurde von vielen Auswanderern aus Euroasien genutzt, wozu auch viele Nachkommen Israels gehörten. Nach dem Bürgerkrieg 1861-1865 hielt der Frieden im Land durchgehend an, was auf eine Vereinbarung mit „den wilden Tieren des Feldes" (den Südstaaten) „und den Vögeln der Himmel" (den Nordstaaten) „und den Kriechtieren der Erde" (den Ureinwohnern) zurückgeht (V. 20). Wie die Adler-Vision erkennen lässt, entsprang der Zusammenhalt als Nation dieser Zeit (4Esr 11,10; 12,17-18).[4]

---

[4] Die Adlervision (4Esr 11-12) wird in großen Teilen beim Adler in Hos 8,1 wiedergegeben [Hos 8,1 – Der Adler in der Apokalyptik]

1 JHWH sprach zu mir: Geh nochmal hin und liebe eine Frau, die einen anderen liebt und Ehebruch begeht, so wie JHWH die Söhne Israels liebt, während sie andere Götter lieben, den Rosinenkuchen. **2** Ich erwarb sie mir für fünfzehn Silberstücke und eineinhalb Homer Gerste. **3** Dann sprach ich zu ihr: Viele Tage bleibst du zuhause, wirst nicht huren und keinem anderen Mann gehören, und auch ich geh nicht zu dir ein. **4** Denn viele Tage werden die Söhne Israels ohne König, ohne Fürst, ohne Schlachtopfer, ohne Mahlstein, ohne Ephod und Teraphim wohnen. **5** Danach werden die Söhne Israels zu JHWH, ihren Gott, umkehren und ihren König David suchen. Sie kommen bebend zu JHWH und seiner Güte am Ende der Tage.

1 Hos 1,2 **5** Jer 30,9; Hes 34,24; Hos 2,2

In V. 1 wird Hosea erneut aufgefordert, eine Frau zu lieben, die die Merkmale vom abtrünnigen Israel widerspiegelt. V. 2 Er zahlt einen Preis und V. 3 gibt ihr Weisungen, V. 4 die Gottes Handeln mit Israel in der Fremde beschreiben, bis V. 5 Israel zu Jehova umkehrt und sie ihre eigene Regierung suchen würde im Schlusteil der Tage.

Erst an dieser Stelle lässt sich die Zeitspanne der Maßnahmen vom Ende des Hauses Jehus (Hos 1,4) bis zu den zionistischen Bestrebungen der Neuzeit nach einem eigenen Staat Israel (Hos 3,5) ausmachen! Israel sollten mit Juda vereint unter einer Führung zurückkehren, „denn groß wird der Tag von Jesreel sein" (Hos 2,1-3). Das wirklich die Rückkehr Israels 1947 angesprochen ist, wird aus dem Kontext deutlich. 1) Es ist am Ende der Tage, die am Ende von sieben Mondzeiten 1945 einsetzten. 2) In Hos 4,3 wird die gleiche Situation wie in Zep 1,3 angesprochen (Siehe Komm. Zep 1,2-3). Die dort beschriebene große Krise gehört zum ältesten Offenbarungsgut, und tritt erst nach sieben Sonnenzeiten (nach 2021) auf. Mit dem Schussteil der Tage ist diese Übergangszeit am Ende des zweiten Siebeners als Zeitrechnung angesprochen.

V. 2 Der Brautpreis unterstützt obige Chronologie: 15 Silberstücke (11,5 g) als Wochen ab dem Exil Israels 722 enden 617/16 noch vor Assurs Fall 614 und vor Ninives Fall 612. Ein Homer (600 L) Gerste als Siebener ($7 \times 354^+$) endet 1865 u. Z. zum Ende des amerikanischen Bürgerkrieges! Doch was ist mit dem halben Homer?

Hosea 3,2 – Der Brautpreis Israels

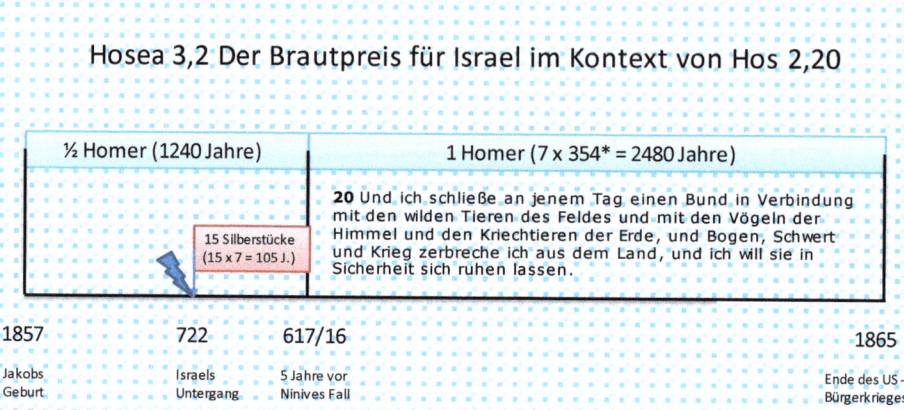

Hosea 3,2 Der Brautpreis für Israel im Kontext von Hos 2,20

½ Homer (1240 Jahre)	1 Homer (7 x 354* = 2480 Jahre)

20 Und ich schließe an jenem Tag einen Bund in Verbindung mit den wilden Tieren des Feldes und mit den Vögeln der Himmel und den Kriechtieren der Erde, und Bogen, Schwert und Krieg zerbreche ich aus dem Land, und ich will sie in Sicherheit sich ruhen lassen.

15 Silberstücke (15 x 7 = 105 J.)

1857	722	617/16	1865
Jakobs Geburt	Israels Untergang	5 Jahre vor Ninives Fall	Ende des US-Bürgerkrieges

1 JHWH sprach zu mir: „Geh nochmal hin und liebe eine Frau die einen anderen liebt und Ehebruch begeht, so wie JHWH die Söhne Israels liebt, während sie andere Götter lieben, den Rosinenkuchen."
2 Ich erwarb sie mir für fünfzehn Silberstücke und eineinhalb Homer Gerste.
3 Dann sprach ich zu ihr: „Viele Tage bleibst du zuhause, wirst nicht huren und keinem anderen Mann gehören, und auch ich geh nicht zu dir ein."
4 Denn viele Tage werden die Söhne Israels ohne König ... wohnen.

Hos 3,2: Die 15 Silberstücke als Wochenchronologie vom Untergang Israels 722 bis zum nahen Untergang Assurs aufzufassen, ist naheliegend, jedoch sind die 3 vorgezogenen Jahre aufzuklären, was im Verlauf noch erfolgen wird.

Im Kontext von Hos 2,20, wo ein Bund Israels Frieden besiegelt, schließen „ein Homer" als sieben Mondzeiten exakt 1865 ab. Das „halbe Homer" (der halbe Siebener in Mondzeiten) reicht von der ermittelten Achse 617 v. u. Z. bis zu Jakobs Geburt zurück!

Der Brautpreis kann jedoch auch im Kontext von Hos 3,5 aufgefasst werden, wo „seine Güte am Ende der Tage" angesprochen wird. Das Homer als sieben Sonnenzeiten endet 1942 am Wendepunkt des 2. Weltkrieges, genau 3 Jahre vor dessen Ende. Diese 3 Jahre spiegeln die Situation vor dem Untergang Assurs wider, der Fall Ninives in Umkehr die Gründung des Staates Israels (Siehe umseitige Grafik; vgl. auch die Chronologie in [Jona im Bauch des Fisches]).

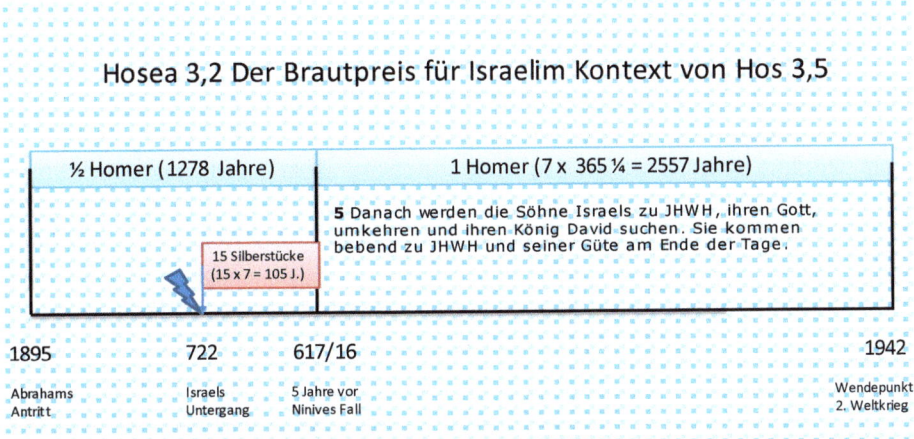

Hosea 3,2 Der Brautpreis für Israel im Kontext von Hos 3,5

½ Homer (1278 Jahre)	1 Homer (7 x 365 ¼ = 2557 Jahre)

5 Danach werden die Söhne Israels zu JHWH, ihren Gott, umkehren und ihren König David suchen. Sie kommen bebend zu JHWH und seiner Güte am Ende der Tage.

15 Silberstücke (15 x 7 = 105 J.)

1895	722	617/16	1942
Abrahams Antritt	Israels Untergang	5 Jahre vor Ninives Fall	Wendepunkt 2. Weltkrieg

1 JHWH sprach zu mir: „Geh nochmal hin und liebe eine Frau die einen anderen liebt und Ehebruch begeht, so wie JHWH die Söhne Israels liebt, während sie andere Götter lieben, den Rosinenkuchen."
2 Ich erwarb sie mir für fünfzehn Silberstücke und eineinhalb Homer Gerste.
3 Dann sprach ich zu ihr: „Viele Tage bleibst du zuhause, wirst nicht huren und keinem anderen Mann gehören, und auch ich geh nicht zu dir ein."
4 Denn viele Tage werden die Söhne Israels ohne König … wohnen.

Das halbe Homer als halber Siebener in Sonnenzeiten kennzeichnet Abrahams Antritt 1895 v. u. Z.

Die Chronologie im Brautpreis ist ganz der Woche verpflichtet. Die um 3 Jahre vorgezogene Schnittstelle erklärt sich als notwendige Achse, um in diesem Rätsel die Vergangenheit und die Zukunft Israels hinreichend abzudecken und ist die Wende. Der Brautpreis ist eine Offenbarung über die Bewahrung und die Rückkehr Israels von den Anfängen mit Abraham bis zur Staatsgründung Israels 1948.

Hos 3,5 spricht vom Ende der Tage, eine in der Apokalyptik geläufige Formulierung für die Übergangszeit zwischen Mond- und Sonnenzeiten am Ende eines Siebeners. In der Antike war dieser Übergang von 612 bis 536/35 v. u. Z., in der Neuzeit von 1945 bis 2021/22. Diese Zeiten bemessen nicht nur einen Abstand, sondern haben die Qualität einer Zeitrechnung.

Mond und Sonnenzeiten werden auch übereinstimmend mit 12 x 30 = 360 Tagen/Jahren wiedergegeben, wobei zwei Siebener zur Gründung Israels aufschlagen (Siehe Grafik in [Zwei Tage in Hos 6,2]).

Hosea 4,1-3

1 Hört das Wort JHWHs, ihr Söhne Israels, denn JHWH hält Gericht mit den Bewohnern des Landes, denn es ist ohne Wahrheit und Liebe und Wissen über Gott im Land. **2** Fluchen, Betrügen, Morden, Stehlen und Ehebrechen sind [im Land] ausgebrochen, und Bluttat reiht sich an Bluttat. **3** Darum wird das Land trauern und jeder Bewohner wird zergehen mit dem wilden Tier des Feldes und mit dem Vogel der Himmel, und auch die Fische des Meeres gehen zugrunde.

1 Jes 59,13f; Mi 7,2 **2** Sach 5,3; ApkBar*syr* 13,4 **3** Joel 1,10; Zep 1,3

Das nach der Verstoßung und der Bewahrung Israels in fernen Gegenden sowie deren Rückkehr mit einer Regierung nun wieder ein Gericht angesagt wird, mag zunächst irritieren. V. 1 Das Wort ist an die Söhne Israels gerichtet. Eine Zuordnung zur Familie ist sicher, doch deckt sie sich auch mit deren Land? Die Nachkommen Israels sind in der ganzen Welt zerstreut. Sie haben in unberührtem Land Existenzen gegründet und konnten in günstigen Zeiten erfolgreich sein (Hos 2,16-25). Der „Eingang zur Hoffnung" wurde ihre Heimat. Über die Bewohner dieses Landes wird gesagt, sie seien ohne Wahrheit und Liebe und Kenntnis über Gott. Der Mangel an diesen Eigenschaften führte zu den in V. 2 benannten Verhaltensweisen.

Dessen ungeachtet hatte Hosea die Söhne Israels seiner Zeit direkt angesprochen. Die beschriebenen Zerfallserscheinungen werden mit dem Wohlstand zurzeit Jerobeams II. und dem darauf einsetzenden Niedergang ihres Landes vermehrt aufgetreten sein (2Kö 14,23f).

V. 3 Das ein Land welkt und deren Bewohner zergehen werden, ist eine vernichtende Ansage! Von einer Umsiedlung durch die Assyrer kann hier nicht die Rede sein. Im besagten Land sterben die Tiere auf dem Feld mit den Vögeln der Himmel, und selbst die Fische des Meeres gehen zugrunde. Dieselbe Ansage wird dem Gericht an Juda durch Zep 1,2-3 vorangestellt, wo die ganze bewohnte Erde angesprochen ist. Dieses Land hat Einfluss auf die ganze Erde. Die Fische des Meeres (kein Binnengewässer) gehen zugrunde. Diese globalen Auswirkungen lassen sich auf ein unwahres und liebloses Verhalten von Bewohnern zurückführen, die ohne Wissen über Gott handeln. V. 2 Fluchen, Betrügen, Morden, Stehlen, Ehebrechen und Bluttaten sind zu Standards im Alltag geworden, auch dem der Söhne Israels!

Der Niedergang in Hosea 4,3

Der Niedergang in Hosea 4,3 gibt Rätsel auf! In Hos 2,20 sind die wilden Tiere des Feldes und die Vögel der Himmel zusammen mit den hier nicht mehr genannten Würmern der Erde in einem Bund vor Gott, woraus ein Ende des Krieges im Land bewirkt wurde. Aus dieser Einheit gehen die Motivation zur Weltherrschaft (des Adlers) und die Grundlagen für das Gedeihen der Nachkommen Israels hervor, bevor diese 1948 wieder einen eigenen Staat gründen konnten.

In Hosea 4,3 trauert das Land nun wieder, weil es von einem inneren Zerfall heimgesucht wird (V. 2). Es würde zergehen mit dem wilden Tier des Feldes und mit dem Vogel des Himmels, wobei auch die Fische des Meeres zugrunde gehen würden. Verglichen mit Hos 2,20 werden die Ureinwohner nicht mehr getrennt genannt, während die die Unterscheidung zwischen Tier und Vogel erhalten blieb und die Identität der neuen Fische des Meeres aufzuklären sind. Da es um Regierungen geht ist ein Vergleich zum vorigen Siebener sinnvoll.

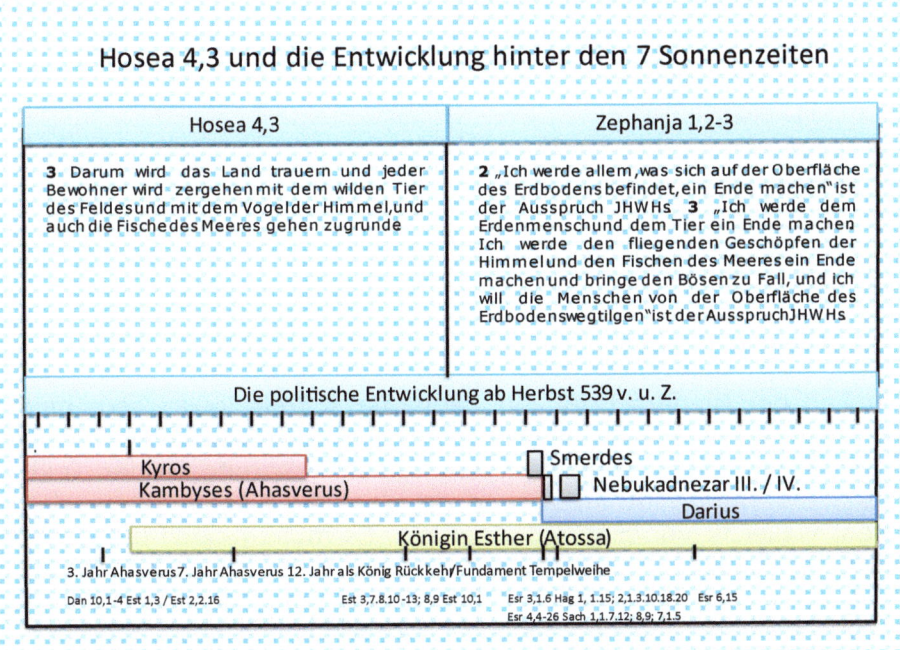

Die Fische des Meeres als politische Mächte aufzufassen, die ebenfalls über ihre eigenen Landesgrenzen hinaus Einfluss auf andere Staaten ausüben wollen, lässt diese im Einzelnen unbestimmt. In der Adler-Vision treten drei Köpfe zur Schreckensherrschaft hervor.

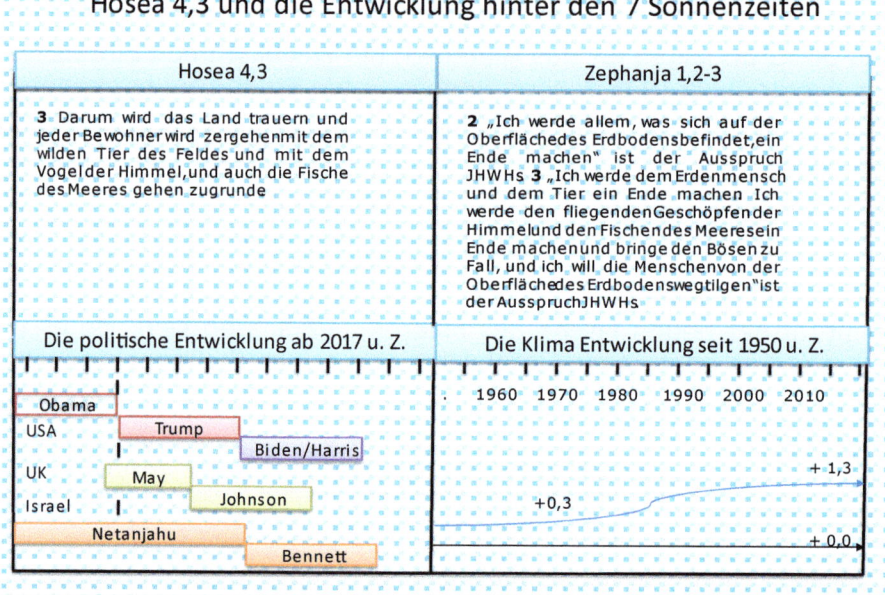

Hosea 4,3 und die Entwicklung hinter den 7 Sonnenzeiten

Hosea 4,3	Zephanja 1,2-3
3 Darum wird das Land trauern und jeder Bewohner wird zergehen mit dem wilden Tier des Feldes und mit dem Vogel der Himmel, und auch die Fische des Meeres gehen zugrunde	**2** „Ich werde allem, was sich auf der Oberfläche des Erdbodens befindet, ein Ende machen" ist der Ausspruch JHWHs **3** Ich werde dem Erdenmensch und dem Tier ein Ende machen. Ich werde den fliegenden Geschöpfe der Himmel und den Fische des Meeres ein Ende machen und bringe den Bösen zu Fall, und ich will die Menschen von der Oberfläche des Erdbodens wegtilgen" ist der Ausspruch JHWHs
Die politische Entwicklung ab 2017 u. Z.	Die Klima Entwicklung seit 1950 u. Z.

Ein Vergleich zwischen Hosea 4,3 und Zephanja 1,2-3 lässt zusätzlich noch die Möglichkeit zu, dass eine weltweite Erscheinung angesprochen ist, vielleicht eine weltweite Auswirkung anstehender Konflikte, oder aber ein parallel auftretendes Klimaszenario, dass die Menschheit und die Natur in den Ruin treiben.

Die Zeit der Niederschrift von Zephanja zurzeit Josias liegt hinter der des Buches Hosea. Wissenschaftler, die Apokalyptik nicht als Offenbarung Gottes auffassen, nehmen als Ursprung für den Text in Zep 1,2-3 einen Fluthintergrund an, dem die Fische zugewachsen seien, vielleicht von Hos 4,3 inspiriert. Es muss jedoch dringend in Betracht gezogen werden, dass in Zep 1,2-3 ein eigenständiges Wort vorliegt, in dem sich der Schreiber angetrieben sieht, von lokalem Geschehen auf den globalen Tag Jehovas auszubrechen!

4 Möge niemand richten, noch jemand anklagen, aber mit dir gehe ich ins Gericht, du Priester. **5** Du wirst bei Tag fallen und mit dir dein Prophet bei Nacht. Du hast dein Volk vernichtet. **6** Mein Volk kommt um, weil das Wissen fehlt. Du hast das Wissen abgelehnt und ich werde dich ablehnen, damit du mir nicht als Priester dienst. Weil du die Weisungen deines Gottes vergisst, werde ich deine Söhne vergessen. **7** Nach ihrer Menge haben sie gegen mich gesündigt. Ihre Ehre wird in Unehre verwandelt. **8** Sie leben von der Sünde meines Volkes und lenken ihre Gier [ganz] auf seine Übertretungen.

4 Am 5,13 **6** Jes 5,13; Luk 11,52 **8** Mi 3,11

So schwerwiegend das falsche Verhalten der Bewohner auch ist, wird in V. 4 das Gericht auf die Priester gelenkt, womit Israel angesprochen ist (Ex 19,6). V. 5 Bei Tag zu fallen, gibt Hinweis auf Zeit und Sichtbarkeit. Der Prophet fällt zwar mit ihm, aber erst bei Nacht, was zum zweiten Siebener passt. „Du hast dein Volk vernichtet", lautet die Anklage. V. 6 Es fehlte Wissen über Gott (V. 1), weil es abgelehnt wurde. Der Priester lehnte dies ab, und wird deshalb seiner Funktion enthoben. Die Weisungen Gottes wurden vergessen. Deshalb würde auch sein Volk vergessen werden. V. 7 Das Ausmaß ist breit und die Ehre dieser Gelehrten würde in Unehre verwandelt. V. 8 Zur Sünde zu verführen ist ein Geschäftsmodell geworden, dem die ganze Erde, auch Gottes Volk, zum Opfer gefallen sind.

V. 4-8 Die geistigen Führer Israels sind ihrer Aufgabe nicht nachgekommen, weshalb sie vor allen anderen ein Gericht empfangen. Das mangelnde Wissen über Jehova wirkt sich verheerend auf das Volk aus. Wird Israel von Gott offiziell seines Amtes als Wahrheitsträger enthoben? Das hat ganz den Anschein, den entgegen weit verbreiteter Ansichten ist die Trennung von spätem Judentum und frühem Christentum keine automatische Autorisierung, auch wenn Judenchristen und später Menschen anderer Nationen Priesterdienste im Sinne von Ex 19,6 anstrebten (Siehe 1Pet 2,7-10). Das Versprechen an Israel wurde nicht aufgehoben, sondern erfüllt (Hos 2,1; 3,5)! Mit dem Ablauf des Schussteils der Tage ist der offizielle Wechsel an die von Jesus Christus aufgestellte Regierung gegeben (Apk 14,1f). Der junge Zweig Israel war als vorausgehendes Zeichen von Jesus angesagt worden (Mat 24,32-35*par*; ApkPet*äth* 2)!

Hosea 4,9-19

9 Und es wird auch dem Volk so ergehen, wie dem Priester. Ich ahnde ihren Lebenswandel und rechne nach ihren Taten ab. **10** Und sie werden essen, aber nicht satt werden. Sie treiben Unzucht aber vermehren sich nicht, denn sie haben JHWH verlassen, um Unzucht zu treiben. **11** Wein und Most rauben ihren Verstand. **12** Hölzer befragt mein Volk, und ihr Stab gibt ihnen die Antwort, denn der Geist der Hurerei hat sie verwirrt, sodass sie sich von ihrem Gott abwenden. **13** Auf Berggipfeln opfern sie und auf Hügeln räuchern sie. Unter Eichen, Storax und Terebinthen, weil sein Schatten gut ist. Darum huren eure Töchter und eure eigenen Schwiegertöchter brechen die Ehe. **14** Ich ahnde nicht eure Töchter, weil sie huren und eure Schwiegertöchter, weil sie Ehebrechen, denn ihre Männer sondern sich mit Huren ab und opfern mit den Sexarbeiterinnen im Tempel. So kommt das unverständige Volk zu Fall. **15** Wenn Israel hurt, soll Juda unschuldig bleiben. Kommt nicht nach Gilgal, noch zieht hinauf nach Beth-Awen, noch schwört: ‚So wahr JHWH lebt!' **16** Denn wie eine störrische Kuh ist Israel störrisch. Wird JHWH sie wie Schafe auf weiter Flur weiden? **17** Ephraim hat sich mit Götzen verbündet. Überlass ihn sich selbst! **18** Eine Runde von Trinkern treibt es mit den Huren und liebt seine Schamlosigkeit. **19** Ein Wind hat sie beflügelt und sie gehen an ihren Altären schändlich zugrunde.

9 Hos 12,2; Am 3,2 **10** Hos 9,11; Mi 6,14 **11** Jes 28,7; Spr 23,33 **12** Jer 2,27; 3,9 Hab 2,19 **13** 1Kö 14,23; 2Kö 17,11; Jes 65,7 **15** 2Kö 17,18; Hos 5,8; 9,15; 10,5; 12,12; Am 4,4; Jes 48,1 **16** Jes 65,2; Sach 7,11 **17** Hos 11,2; 13,2 **19** Jes 42,17

V. 9 Wie dem Priester geht es dann auch dem Volk, wobei der Lebenswandel jedes Einzelnen und dessen Taten abgerechnet werden. V. 10 Erste Auswirkungen sind nicht sättigende Nahrungsmittel und ausbleibende Fruchtbarkeit. V. 11 Der Weingenuss wird zur Drogensucht und erzeugt Wahnvorstellungen. V. 12 Der Aberglaube, dass ihnen Götzen den Weg weisen, verwirrt das Volk und macht sie gottlos. V. 13 Ihre religiöse Verwirrung bewirkt ihren sittlichen Zerfall. V. 14 Es werden keine Verfahren erhoben, weil alle zu Fall kommen. V. 15 Juda soll an diesem Götzenkult nicht teilhaben. V. 16 Das störrische Israel bekommt keinen weiten Raum und V. 17 bleibt sich selbst überlassen. V. 18 Drogenabhängige, die alles auf die Spitze treiben müssen und sich dabei gut fühlen, V. 19 erfasst ein Hochgefühl, wobei sie an ihrem Götzenkult zugrunde gehen.

1 Ihr Priester, hört her, und Haus Israel, gebt acht und das Königshaus horche auf, denn euch gilt das Urteil, denn für Mizpa seid ihr ein Fallstrick und wie ein ausgebreitetes Netz über Tabor, **2** und eine Grube in Schittim, tief ausgehoben, und ich bin für euch eine Fessel. **3** Ich kenne Ephraim, und Israel ist nicht vor mir verborgen. Du, Ephraim, hast Unzucht gelehrt und Israel ist beschmutzt. **4** Ihre Taten lassen keine Rückkehr zu ihrem Gott zu, denn ein Hurengeist ist in ihrer Mitte, sodass JHWH nicht erkannt wird. **5** Israels Stolz hat gegen ihn gezeugt, [Israel] und Ephraim bringt ihr Vergehen zu Fall. [Auch Juda geht mit ihnen zu Fall]. **6** Mit Schafen und Rindern gehen sie JHWH suchten, können ihn aber nicht finden. Er hatte sich ihnen entzogen. **7** Gegen JHWH waren sie treulos, denn sie zeugten Fremden Söhne. Nun wird ein Monat sie, mit ihrem Besitz verzehren.

1 Hos 4,9; 7,3; Mal 1,6 **2** Num 25,1f; Hos 9,10 **3** Jes 7,9; Am 3,2; Hos 4,18 **4** Hos 4,12 **5** Hos 7,10; 2Kö 17,19 **6** Jes 1,15 **7** Jes 48,8

Die Anrede in V. 1 zieht die Priester, das Volk und den Königshof zusammen und nimmt sie in die Pflicht, das Recht zu üben oder ein Urteil zu empfangen. Wie sie für Mizpa eine Falle, für Tabor ein Netz V. 2 und für Schittim eine Grube wurden, wird er für sie zu einer Fessel oder zu einem Züchtiger. V. 3 Er kennt sie und die Unzucht, die sie beschmutzt. V. 4 Eine Rückkehr ist verwehrt, da ein Hurengeist herrscht. V. 5 Der Stolz Israels führt zu seiner Verurteilung. V. 6 Ihre Brandopfer bewirken keinen Zugang zu Gott, V. 7 weil sie treulos handelten, als sie im Götzenkult anderen Kinder zeugten. Ein Neumond (von/bis) würde reichen, sie und ihren Besitz zu fressen!

Der V. 7 bildet eine Chronologie ab, die vom Ende des Hauses Jehus (Hos 2,4) durch Schallum (752) handelt, der einen Monat lang den Thron besetzte (2Kö 15,13-16). Vom 1. Jahr Menahems, seines Nachfolgers, bis zum Untergang im 9. Jahr Hoseas zählen 30 Jahre (30 Tage = Neumond). Der Monat in Am 5,7 hat eine Doppelbedeutung zum Ende des Hauses Jehus und zum Ende Israels, das mit seinem Besitz in 30 Jahren verzehrt wurde.

Hosea 5,8-15

8 Stoßt ins Horn Gibea, in die Trompete Rama! Alarmgeschrei in Beth-Awen — schreckt Benjamin auf! **9** Ephraim wird verwüstet werden am Tag der Zurechtweisung. In Israels Stämmen habe ich was feststeht mitgeteilt. **10** Judas Fürsten sind wie die, die Grenzen verrücken. Auf sie gieße ich meinen Zorn aus wie Wasser. **11** Ephraim ist bedrückt, misshandelt das Recht, denn es wollte seinem Widersacher folgen. **12** Ich bin für Ephraim wie Eiter und für das Haus Judas wie Fäulnis. **13** Und Ephraim sah seine Wunde und Juda sein Geschwür. Ephraim ging nach Assyrien und sandte zum Großkönig, der euch nicht heilen und das Geschwür nicht entfernen kann. **14** Ich bin für Ephraim wie ein Löwe und für das Haus Juda wie ein junger Löwe. Ich, ich werde zerreißen, gehe davon und trage es weg, und keiner kann befreien. **15** Ich ziehe mich an meinen Ort zurück, bis sie ihre Schuld erkennen und mein Angesicht suchen. Wenn sie in Not sind, werden sie mich suchen.

8 Jes 10,29; Hos 4,15; 8,1; 10,5; Joel 2,1 **9** Hos 9,13 **11** 1Kö 20,1 **13** Hos 7,11; 8,9 **14** Jes 5,29 **15** Hos 11,10; Dtr 4,30

Die Chronologie in V. 7, die sowohl das Ende des Haues Jehus als auch das Ende Israel im Blick hat, lässt in V. 8-15 die Intervention vermuten, die zum Untergang Israels führte.

V. 8 nennt die Warnsignale von drei Städten, die Benjamin aufschrecken sollen. V. 9 Die Verwüstung Ephraims steht fest und wird den Stämmen vorweg mitgeteilt. V. 10 Auch über Juda wird, weil es seine Grenzen noch über Israel ausdehnen wird, der Zorn wie Wasser ausgegossen werden. V. 11 Ephraim ist bedrückt, weil es das Recht misshandelte und dem Nichts nachjagte. In V. 12 beschreibt sich Jehova selbst als Eiter für Ephraim und Fäulnis für Juda. V. 13 Die Reaktion Ephraims, sich an Assyrien zu wenden, hilft auch nicht. V. 14 Der Souveränität eines Löwen kann nichts entgegengesetzt werden. V. 15 Jehova zieht sich an seinen Ort zurück. Erst muss die Schuld erkannt und Jehova gesucht werden, wozu eine Not antreibt.

1 Kommt, und lasst uns zu JHWH umkehren, denn er hat zerrissen, und wird uns auch heilen. Er schlug, doch wird er uns verbinden. **2** Er gibt uns das Leben nach zwei Tagen zurück. Am dritten Tag lässt er uns aufstehen, und wir werden vor ihm leben. **3** Lasst uns ihn erkennen und beeilen wir uns, JHWH zu erkennen. Wie die Morgenröte kommt sein Aufbruch. Er kommt wie der Regen, wie ein Spätregen die Erde tränkt.

4 Was soll ich dir tun, Ephraim? Was soll ich dir tun, Juda? Wie Morgengewölk ist eure Güte und wie Tau, der früh vergeht. **5** Darum haue ich sie durch die Propheten nieder. Ich töte sie durch die Worte meines Mundes. Wie das Licht wird mein Recht aufgehen. **6** Denn Güte gefällt mir, und nicht Schlachtopfer, und Gott erkennen mehr, als Ganzbrandopfer. **7** Doch sie haben wie Adam den Bund übertreten. Dort waren sie mir gegenüber treulos. **8** Gilead ist eine Stadt von Übeltätern, ihre Fußspuren sind Blut. **9** Es lauert wie ein Räuber die Menge der Priester. Unterwegs morden sie bei Sichem, weil sie schändlich handeln. **10** Im Hause Israel habe ich Grässliches gesehen. Dort gibt es die Unzucht Ephraims. Israel hat sich beschmutzt. **11** Auch dir, Juda ist eine Ernte gerichtet, immer wenn ich das Geschick meines Volkes wende.

1 Dtr 32,39 **2** Gen 2,4; Hen 3; ThEv 19 **3** 2Sam 23,4; Joel 2,23 **4** Hos 11,8 **6** Mat 9,13; 12,7 **7** ApkMos 8,2

In V. 1 rüttelt Hosea seine Zeitgenossen auf, umzukehren, denn wie Gott zerreißt, so kann er auch heilen. V. 2 Hosea hatte eine genaue Zeitvorstellung, wenn er nach 2 Tagen am 3. Tag die Zeit des Lebens und der Auferstehung erkennt! Er beschreibt die Woche als ein Tag (Gen 2,4) und sieht erst hinter der 2. Woche die Change, wieder vor Gott zu leben. Vom Buch Henoch bis zur Johannes-Apokalypse ist dieses Schema bekannt und mit einer Zeitrechnung verbunden, die auf zwei Siebenern von jeweils 354 bzw. 365 Tagen = Jahren ruhen. V. 3 Ihn zu erkennen bedeutet eine Hoffnung zu haben. Er kommt, so wie die Morgenröte aufbricht, wie der Spätregen die Erde tränkt.

V. 4 Was nun, da ihre Güte (Treue) schnell verzieht? V. 5 Er tötet sie durch Worte der Propheten, wenn sein Licht/Recht aufgeht. V. 6 Sein Maßstab sind Güte und Gotteskenntnis, V. 7 ein Bund, der seit Adam übertreten wird. Die V. 8-11 beschreiben ihre Übertretungen.

Zwei Tage in Hosea 6,2. Zwei Siebener in der Apokalyptik

Die Woche ist von Beginn an präsent (Gen 1-2) und seit Henoch als Zeitrechnung (Hen 3,3, siehe Komm. zu Zep 1,2-3) auch über Jahrwochen (Dan 9,24-27) hinaus bekannt. In vielen Apokalypsen sind die Siebener ein fester Bestandteil (Apk 6,1f sieben Siegel öffnen; Apk 8,7ff sieben Trompeten; Apk 16,1f sieben Schalen u. ö.) und tragen Merkmale einer Zeitrechnung (Apk 8,7-10.12 [1/3 = Flut]; Apk 9,5 [5 Monate = Übergang zwischen Mond- und Sonnenzeiten]) und Zählungen nach einem übereinstimmenden Jahr mit 360 Tagen.

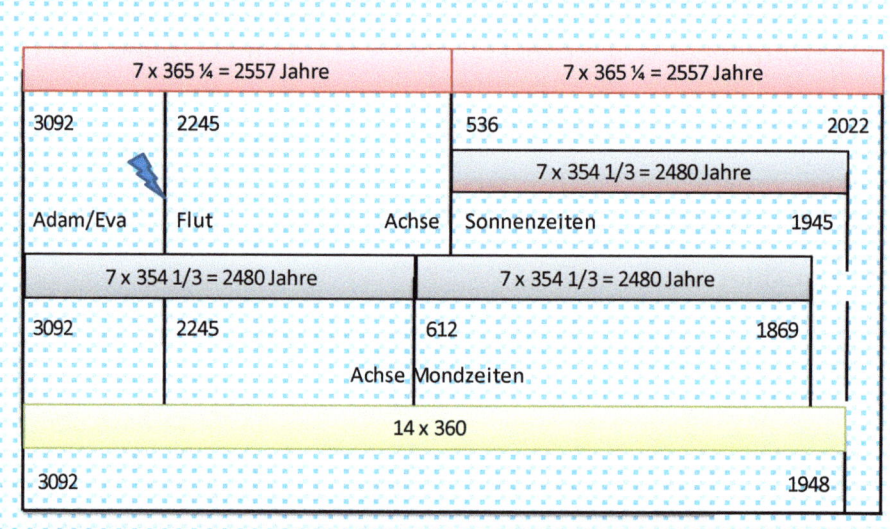

Hosea 3,5; 4,3 Endzeit und Gerichtszeit der Apokalyptik

Endzeiten sind Übergangszeiten am Ende eines Siebeners, der auch Unterteilt als 3 ½ Zeiten auftritt (Dan 12,7; Apk 11,2.3 u. ö.), und den Schaltungen von Mondzeiten (+30, Dan 12,11) zu Sonnenzeiten (+75, Dan 12,12; +150/153, Apk 9,5) hinzugefügt sind, Zeichen an Sonne, Mond und Sternen (Siehe Vorwort zu Joel; Mat 24,29-30*Par*) grenzen diese Endzeiten ein, wobei ein Ringen um die Abschlüsse bekannt ist (Dan 7,25; 10,13; 11,1; Apk 12,1.2.7).

1 Zu der Zeit, wenn ich Israel heile, decke ich Ephraims Vergehen auf und Samarias Schlechtigkeiten, denn sie handeln trügerisch. Ein Dieb dringt ein, und draußen stürmt eine Räuberbande los. **2** Sie glauben nicht, dass ich ihrer Schlechtigkeit aufdecke. Nun umzingeln sie ihre Taten. Sie sind vor mein Angesicht gekommen. **3** Ihre Schlechtigkeit erfreut den König und ihre Lügen Fürsten. **4** Sie alle sind Ehebrecher, wie ein heißer Bäckerofen, der abkühlt vom Kneten des Teiges an, bis er durchsäuert ist. **5** Am Tag unseres Königs haben sich Fürsten mit Wein erhitzt. Seine Gewalt folgt diesen Spöttern. **6** Denn sie sind wie ein Ofen, in dem es brennt. Die ganze Nacht über ruht ihre Leidenschaft, doch am Morgen brennt sie lichterloh. **7** Sie alle werden heiß wie ein Ofen und fressen ihre Richter. Alle ihre Könige stürzen, keiner dieser ruft mich an. **8** Ephraim mischt sich unter die Völker. Er ist ein runder Kuchen geworden, der nicht gewendet wurde. **9** Fremde rauben seine Kraft, aber er merkt es nicht. Graue Haare haben sich eingeschlichen, aber er merkt es nicht. **10** Israels Stolz steht ihm ins Gesicht, und sie sind nicht umgekehrt zu JHWH, ihrem Gott, noch suchen sie ihn wegen alledem. **11** Ephraim gleicht einer Taube, einfältig und ohne Herz. Ägypten rufen sie, nach Assyrien gehen sie. **12** Wie immer sie gehen, werde ich mein Netz über sie werfen. Wie die Vögel der Himmel werde ich sie runterholen, fange sie, wenn ich ihren Schwarm höre. **13** Wehe ihnen, denn sie fliehen von mir! Nieder mit ihnen, denn sie wirken gegen mich! Soll ich sie loskaufen, wo sie doch Lügen über mich reden? **14** Sie schreien nicht zu mir um Hilfe, sondern sie heulen auf ihren Betten. Wegen Korn und Most ritzen sie sich, aber sie weichen von mir. **15** Ich habe ihre Arme gestärkt, aber sie planten Böses gegen mich. **16** Sie wenden sich dem Baal zu. Sie sind wie ein ungenauer Bogen. Durch das Schwert fallen ihre Fürsten wegen ihrer frechen Zunge. Dies wird ihre Schande im Land Ägypten.

1 2Kö 20,5; Hos 6,9; Mi 1,5; 7,3 **2** Am 8,7 **3** 1Kö 22,6; **5** Hos 1,1 **6** Mi 2,1 **7** Jer 5,31 **10** Hos 5,5; 2Chr 28,22 **11** Hos 11,11 **13** Am 8,7 **15** 2Kö 14,25-27 **16** 2Kö 15,10.14

In V. 1-16 beschreibt Gott die Trugspiele, die sich um einen König herum abspielen. V. 1 Das „innere und äußere Verderben"[5] wird aufgedeckt, dem Raub an der eigenen Bevölkerung und dem Fremder.

---

[5] *Artur Weiser*, ATD 24 (1967) Hosea, Seite 61

V. 2 schildert noch ihr Selbstvertrauen, doch werden sie von ihren Taten eingeholt, wenn Gott sie sich heranrückt. V. 3 Noch berauscht es den König und seine Fürsten, viele Einnahmen sicherzustellen. V. 4 Jeder einzelne dieser Regierung wird als Ehebrecher bezeichnet. Sie sind Gott und Menschen gegenüber Vertragsbrüchig. Erst lassen sie eine Entwicklung zu, wie ein noch warmer Bäckerofen den Brotteig gut gehen lässt, bis ihn der Sauerteig durchsäuert hat. V. 5 Am Tag unseres Königs, d. h. zurzeit von Jerobeam II., haben ihn seine Berater überzeugt, seine Militärgewalt zu entfesseln. V. 6 Die Zeit des ruhenden Ofens ist am Morgen vorbei, wenn er entfacht wird. V. 7 Sie alle erhitzen sich und vernichten dabei die Rechtsprechung. Alle ihre Könige stürzen, weil sie nicht Jehova befragt haben. Israel hat sich V. 8 zu einem Teil der Welt gemacht, wie ein Kuchen, der auf einer Seite verbrennen wird, weil er nicht gewendet wurde. Die Völker, d. h. V. 9 Fremde manipulieren ihn unbemerkt, seine Ratgeber. V. 10 Das macht sie überheblich, und sie können Jehova nicht zur Situation befragen, geschweige denn zu ihm umkehren. Deshalb ist V. 11 Israel mit einer Taube zu vergleichen (vgl. Jon 1,1-3 Komm. ferner [Jona im Bauch des Fisches]). Sie folgen ihrem Drang nach Raub weiter, der sie nordwärts blicken lässt. V. 12 Gott kündigt an, ihnen zum Feind zu werden, was mit einem Netz veranschaulicht wird, womit ein ganzer Schwarm Vögel runtergeholt werden kann. V. 13 Gott begründet seine Absicht mit ihrer Flucht vor ihm, wodurch sie zu Widersachern wurden. Sie reden Lügen über Gott, wodurch sie ihren Loskauf verwirken. V. 14 Sie weichen von Jehova und üben Praktiken für den Baal, wie das Ritzen deutlich macht (1Kö 18,28). V. 15 Jehova hatte Israels Arme gestärkt, aber sie haben sich von ihm abgewendet (2Kö 14,25-27). V. 16 Ihr Baals Kult ist ein verfehltes Ziel, wie durch einen ungenauen Bogen. Für ihre Anmaßungen werden ihre Fürsten (V. 2) gewaltsam zu Tode gebracht werden. Für Ägypten (V. 11) werden sie zum Spott.

1 Deinen Mund an ein Horn! Einer wie ein Adler kommt über das Haus JHWHs, weil sie meinen Bund übertreten und sich gegen mein Gesetz vergangen haben. **2** Zu mir schreien sie ständig: ‚Mein Gott, wir, Israel, kennen dich.' **3** Israel hat Gutes abgewiesen. Ein Feind wird ihm nachjagen. **4** Sie haben Könige eingesetzt ohne meinen Willen. Sie haben Fürsten eingesetzt ohne mein Wissen. Mit ihrem Silber und ihrem Gold machen sie sich Götzen, damit sie weggetilgt werden. **5** Verstoße dein Kalb, Samaria. Mein Zorn glüht gegen sie. Wie lange sind sie zur Reinheit unfähig? **6** Dieses stammt von Israel, denn ein Handwerker hat es gemacht. Es ist nicht Gott. Das Kalb Samarias wird zersplittern. **7** Wind säen sie, und Sturm werden sie ernten. Halme ohne Triebe bringen kein Mehl, und wenn doch was treibt, verzehren es Fremde. **8** Israel ist verschlungen. Sie sind unter den Nationen wie ein wertloses Gefäß. **9** Denn sie ziehen nach Assyrien hinauf. Ein Wildesel sollte für sich bleiben. Ephraim erkauft sich Liebe. **10** Obwohl sie Liebe unter den Nationen sammeln, will ich sie zerstreuen, sodass sie sich in Schmerzen winden wegen der Last des Königs der Fürsten. **11** Ephraim baut Altäre zum sündigen. Er bekommt Altäre zum sündigen. **12** Schreibe ich ihm vieles meiner Gesetze auf, ist es ihm etwas Fremdes. **13** Schlachtopfer lieben sie, schlachten Fleisch und essen. JHWH hat an ihnen kein Gefallen. Er wird ihrer Vergehung gedenken und ihre Sünden ahnden. Nach Ägypten kehren sie zurück. **14** Israel vergaß seinen Schöpfer und baute Paläste, und Juda baute befestigte Städte. Ich sende Feuer in seine Städte, und es soll seine Paläste fressen.

1 Hos 5,8 **2** Mi 3,11 **4** Hos 2,10 **5-6** 1Kö 12,28-30; Jes 40,18-20 **7** Spr 22,8 **11** Hos 12,11 **13** Hos 7,16; 9,3 **14** 1Kö 12,31

V. 1 Warum soll eine Warnung vor einer kommenden Gefahr gegeben werden, obwohl es sich bei den Betroffenen um Vertragsbrüchige handelt? V. 2 Ist es wegen der gefährlichen Selbsttäuschung, zu meinen, Gott zu kennen? V. 3 nennt die Tun-Ergehen-Situation! V. 4 Sie glaubten tatsächlich, ihre Könige und ihre hohen Beamten seien von Gott gebilligt, obwohl sie ihre Mittel für den Götzendienst einsetzten, was ihnen ja die Vernichtung bringt. V. 5 nennt das Problem beim Namen. Die Kälberanbetung macht Jehova zornig. Diese aus Ägypten importierte falsche Gottesvorstellung (Ex 32,1-4) zeigt

Israels mangelnde Heiligkeit. V. 6 Auch Samarias Kalb ist nicht Gott und wird zersplittert werden.

V. 7 Die zweite Tun-Ergehen-Situation ist mehr politischer Natur. Es sind Halme ohne Frucht, und wenn doch fruchtbar, dann für andere! V. 8 Israel ist von den Nationen verschlungen und geringgeschätzt. V. 9 Israel will bei der Weltmacht Lieb-Kind sein, anstelle sich abzugrenzen. V. 10 Der vorübergehende Nutzen verhindert nicht, dass sie von Gott aus unter den Lasten einer Weltmacht leiden werden.[6] V. 11 Es hat wirksamen Einfluss auf ihre Altäre (Hos 4,19; 10,1f). V. 12 Wurden für den Bau neue Maße festgelegt? Jedenfalls kommt Israel dem nach. Die Weisungen Jehovas sind ihnen da vergleichsweise etwas Fremdes. V. 13 beschreibt, was sie mögen, nämlich Fleisch schlachten und essen. Das ist Teil ihres Problems! Er wird dem nachgehen und sie erneut nach Ägypten zurückkehren lassen (Hos 11,1). In diesem großen Rahmen ist V. 14 die Gott-Vergessenheit dem Wohlstand ganz Israels gegenübergestellt, der für das Feuer bestimmt worden ist.

---

[6] „Dass sie eine Weile aufhören mit dem Salben von Königen und Fürsten" – Hos 8,10b *Artur Weiser*

Hosea 8,1 – Der Adler in der Apokalyptik

Der Adler in Hos 8,1 ist die Beschreibung einer politischen Macht, die Israel überschattete. Das lässt einen Vergleich zur Adler-Vision des Schealtiel zu, wo am Ende der Zeiten ein Adler (eine politische Macht) die Welt überschattet (4Esr 11-12; Mat 24,28; Luk 17,37).[7]

Hosea 8,1 und die Adler-Vision in 4. Esra 11

1 Danach sah ich im Traum aus dem Meer einen Adler mit zwölf Flügel und drei Köpfe aufsteigen 2 Er flog mit seinen Flügeln über die ganze Erde und alle Winde des Himmels wehten über ihm, und die Wolken sammeln sich über ihm. 3 Ich sah aus seinen Flügeln Unterflügel sprossen, kleine und winzige Flügel 4 Die Köpfe blieben unverändert Der mittlere Kopf war größer als die beiden anderen Köpfe, blieb aber im Gefüge unverändert 5 Ich sah den Adler mit seinen Flügeln fliegen zum Herrschen über die Erde und ihre Bewohner, 6 damit sich ihm alles unter den Himmel unterwerfe, und niemand widersprach ihm, auch keines der Geschöpf der Erde. 7 Danach richtete sich der Adler zum Stand auf seine Krallen auf und schrie mit lauter Stimme zu seinen Flügeln 8 Jetzt ruhend, wache je einer von euch an seinem Platz zu seiner Zeit 9 Die Köpfe aber sollen bis zum Ende bleiben 10 Die Stimme kam gar nicht aus seinem Kopf heraus, sondern aus der Mitte seines Körpers. 11 Ich zählte acht Nebenflügel 12 Da rauf ging ein Flügel aus seiner rechten Seite aus und herrschte über die ganze Erde. 13 Er herrschte bis sein Ende kam und er verging, so dass auch sein Platz nicht mehr zu sehen war. Da erhob sich der Zweite und herrschte anhaltend 14 Er herrschte bis ein Ende kam, so dass er, wie der Erste, nicht mehr zu sehen war. 15 Eine Stimme sprach zu ihm: 16 Höre! Du, der während diese volle Zeit die Erde in der Gewalt hieltest! Das prophezei ich dir, bevor du verschwinden wirst: 17 Keiner nach dir wird deine Zeit behaupten können, ja nicht einmal die Hälfte. 18 Da erhob sich der Dritte an die Herrschaft, wie die Vorgänger, doch auch er verschwand. 19 So erging es allen einzelnen Flügeln, die Herrschaft anzuführen und dann wieder verschwanden 20 Zu ihrer Zeit richteten sich auch die folgenden Flügel auf, und zwar auf der rechten Seite, um ebenso die Herrschaft zu führen Unter ihnen gab es solche, die sie führten, doch sie verschwanden sofort wieder 21 Von ihnen erhoben sich einige, führten aber nicht die Herrschaft 22 Danach waren zwölf Flügel und zwei Unterflügel verschwunden

Der Leib des Adlers	Zwölf Flügel und zwei Nebenflügel des Adlers
▲	1	4	2	2								

1789   [1861-1865] 1929   2017

Ein Vergleich der Krise vor Ende des ersten Siebeners mit dem zweiten Siebener zeigte in Mondzeiten zur Weltwirtschaftskrise 1929 und in Sonnenzeiten bis vor die Finanzkrise 2008. Der zweite Flügel kam ab 1933 auf 4 Amtszeiten, wobei in den 232 Jahren seit Staatsgründung kein anderer Präsident auch nur über 2 Amtszeiten hinaus regieren konnte (Siehe Wiki: Liste der Präsidenten der USA). Zwei Nebenflügel beenden zur Mitte der Zeit ihren kurzen Auftritt. Die Order zur Weltherrschaft kommt aus der Mitte des Leibes, einer Krisenzeit

---

[7] Schealtiel war ein Sohn Jechonjas (1Chr 3,17-19) und der Onkel von Serubabel (Esr 3,2; Mat 1,12). Er hatte den Beinamen Esra, weshalb seine Apokalypse als 4. Esra (Vulgata) oder als Esra-Apokalypse bekannt wurde.

im Bürgerkrieg, aus der sich das Land wieder erholte und seine Einheit bewahren konnte, der Motivation zur Weltherrschaft.

Hosea 8,1 und die Adler-Vision in 4. Esra 11-12

Der Leib des Adlers	Zwölf Flügel und acht Nebenflügel des Adlers
*17 Die gehörte Stimme, die nicht von den Köpfen, sondern aus seiner Körpermitte ausging, 18 hat eine Begründung Diesem Reich werden zur Mitte seiner Zeit nicht geringe Konflikte entstehen, und es droht, zu Fall zu kommen Es wird dann aber nicht stürzen, sondern wieder in seiner Macht gefestigt werden.	10 So lautet die Deutung deiner Traumvision: 11 Der Adler, den du vom Meer aufsteigen sahst, ist das vierte Reich, das in einer Vision deinem Bruder Daniel erschien. 12 Es wurde ihm anders gedeutet, als ich es jetzt dir deuten werde. 13 Tage kommen in denen sich ein Reich auf der Erde erhebt, schrecklicher als alle vorherigen Reiche. 14 In ihm werden zwölf Könige in einer Reihenfolge herrschen 15 Aber der Zweite, der herrscht wird die längste Herrschaftszeit von den zwölf haben. 16 Das ist die Deutung der zwölf Flügel, die du gesehen hast* 19 Die acht Nebenflügel die aus seinen Flügeln hervorgingen 20 haben eine Begründung In ihm werden acht Könige aufstehen, deren Zeiten flüchtig sind und deren Jahre rasch vorbeieilen Zwei von ihnen werden zugrunde gehen, 21 wenn die Mitte der Zeit naht. Vier werden für die Zeit aufbewahrt, dem Ende seiner Zeit entgegen zwei jedoch werden für das Ende aufbewahrt.

Drei Köpfe und sechs Nebenflügel des Adlers
23 Am Körper des Adlers blieben nur sechs Unterflügel übrig. 24 Von den sechs Unterflügel sonderten sich zwei ab, gingen und blieben bei dem Kopf auf der rechten Seite Die andern Vier blieben an ihrem Platz 25 Diese Unterflügel wollten sich erheben, und die Herrschaft zu führen 26 Der Erste erhob sich, verschwand aber sofort, 27 so auch der Zweite, verschwand aber noch schneller als der Erste. 28 Die Zwei, die von ihnen noch übrig waren, wollten ebenso herrschen 29 Als sie dies beabsichtigten, erwachte einer der ruhenden Köpfe, der mittlere, der größer war als die beiden Köpfe 30 Ich sah, wie er die beiden Köpfe miteinander vereinigte 31 Der Kopf wandte sich mit denen um, die bei ihm waren und verschlang die zwei Nebenflügel die herrschen wollten. 32 Dieser Kopf hielt die ganze Erde in seiner Gewalt, unterdrückte ihre Bewohner in großer Bedrängnis und führte eine Gewaltherrschaft über die Erde, mehr als alle Flügel zuvor

Mit dem Auftritt des großen Kopfes, der zwei weitere Köpfe mit sich zieht, wurde eine Schreckensherrschaft sichtbar, wie sie sich davor kaum jemand vorstellen konnte. Die Esra-Apokalypse hat angemessen vor diesem Phänomen am Ende der Zeiten gewarnt! Zur Abwendung weiterreichender Folgen wurde der Dachfirst des Hauses bereits abgeschlagen (Siehe Komm. zu Hab 3,13).

Wenn sich zwei Unterflügel abgesondert, zwei Unterflügel erhoben und zwei Unterflügel zu herrschen gedenken, erwacht der mittlere Kopf und verschlingt mit seinen Helfern die zwei zu herrschen gedenkenden Unterflügel. Um wen handelt es sich dabei? Der Kopf ist erwacht, hat gegen die Palästinenser aggressiv durch seine Nahostpolitik eine Zweistaatenlösung abgeschlagen, indem er am 70. Jahrestag des Staates Israel provokativ die US-Botschaft in Ostjerusalem eröffnen ließ (4Esr 12,30-31). Mit Netanjahu vereint ging Trump gegen den Iran vor, indem er eine verbindliche Vereinbarung kippte um den Iran durch Sanktionen zu isolieren, um letztlich an seine Bodenschätze zu gelangen. Sowohl die Palästinenser als auch die Iraner standen im Begriff, ihre Herrschaft als Nebenflügel anzutreten!

Weitere Ausschnitte der Esra-Apokalypse (4Esr 11-12)

33 Danach verschwand plötzlich der mittlere Kopf, genauso wie die Flügel. **34** Übrig blieben zwei Köpfe, die ebenso über die Erde und ihre Bewohner herrschten. **35** Der Kopf auf der rechten Seite verschlang den linken. **36** Da sprach eine Stimme zu mir: Sieh geradeaus was passiert! **37** Es sprang ein Löwe mit Gebrüll aus dem Wald auf. Ich hörte, wie er Menschenstimmen an den Adler richte und deutlich sagte: **38** Hey du, der Höchste redet zu dir: **39** Bist du nicht von den vier Tieren übriggeblieben, die ich gemacht hatte, damit sie in meiner Welt herrschten und durch sie das Ende meiner Zeiten komme? **40** Als Viertes hast du alle vorigen Tiere besiegt, die Schreckensherrschaft über die Welt geführt und die Erde lange Zeit mit deiner Hinterlist gequält, **41** und die Erde nicht mit Wahrheit gerichtet. **42** Du hast Sanfte gequält, Ruhige verletzt, Aufrichtige gehasst und Lügner geliebt. Fruchtbringenden hast du die Häuser zerstört und die Mauern derer, die dir nichts Böses taten, eingerissen. **43** Deine Schmähung stieg zum Höchsten auf und dein Hochmut zum Gewaltigen. **44** Der Höchste sah, dass seine Zeiten zu Ende und seine Welten vollendet waren. **45** Adler, du musst verschwinden, deine furchtbaren Flügel, deine elenden Nebenflügel, deine bösen Köpfe, deine schlimmen Krallen und dein ganzer verruchter Körper, **46** damit sich die Erde erholt und befreit von deiner Gewalt zur Ruhe kommt, um auf das Gericht und das Erbarmen ihres Schöpfers zu warten. **1** Während der Löwe zum Adler sprach, **2** verschwand der übriggebliebene Kopf. Die zwei zu ihm abgesonderten Flügel erhoben sich zum Herrschen, doch ihre Herrschaft war schwach und voll Wirren. **3** Auch sie verschwanden. Der ganze Körper des Adlers ging in Flammen auf und die Erde war schockiert.

22 Die drei unveränderten Köpfe an ihm **23** haben eine Begründung: Am Ende erweckt der Höchste drei Könige, die vieles über die Erde erneuern **24** und ihre Bewohner mit großen Plagen beherrschen, mehr als alle vor ihnen. Deswegen wurden sie Köpfe des Adlers genannt. **25** Denn sie werden seinen Frevel auf die Spitze treiben und sein Ende abschließen. **26** Dass der große Kopf verschwindet, bedeutet: einer von ihnen wird auf seinem Bett unter Qualen sterben. **27** Die Zwei anderen wird das Schwert fressen, **28** das Schwert des einen seinen Gefährten, doch auch dieser wird in der letzten Zeit unter dem Schwert fallen. **29** Zwei Nebenflügel, die zu dem Kopf auf der rechten Seite übergehen, **30** haben eine Begründung: Diese hat der Höchste für sein Ende aufbewahrt. Ihre Herrschaft wird schwach und voller Wirren sein. **31** Der Löwe, der aus dem Wald mit Gebrüll auffuhr und dem Adler seine ungerechten Taten vorhielt, die du hörtest. **32** Diesen König aus den Nachkommen Davids hat der Höchste bis zum Ende für sie und ihre Gottlosigkeit aufbewahrt. **33** Er wird sie lebendig vor das Gericht stellen und wenn er sie überführt hat, wird er sie vernichten.

Hosea 9,1-9

1 Freue dich nicht, Israel. Jubel nicht wie die Völker. Denn du hurst von deinem Gott weg. Du liebst Hurenlohn auf allen Dreschtennen. **2** Tenne und Kelter werden nicht Freund und Most wird sie betrügen. **3** Im Land JHWHs sollen sie nicht bleiben. Ephraim kehrt nach Ägypten zurück und in Assyrien werden sie Unreines essen. **4** Sie gießen für JHWH keinen Wein aus und erfreuen sich ihre Schlachtopfer. Ihr Brot wird Trauerbrot sein und alle, die es essen, verunreinigen sich. Ihr Brot ist für ihre eigene Seele. Es kommt nicht in JHWHs Haus. **5** Was wollt ihr tun am Feiertag und am Festtag JHWHs? **6** Denn siehe, nach Assyrien müssen sie ziehen, Ägypten sammelt und Memphis begräbt sie. Ihr wertvolles Silber wird von Nesseln überwuchern und Dornen wachsen in ihren Zelten. **7** Die Tage der Ahndung sind kommen, die Tage der Heimzahlung. Israel schreit: ‚Der Prophet ist töricht, der Geistesmensch verrückt!' Wegen der großen Sünde ist auch die Anfeindung groß. **8** Der Wächter Ephraim späht beim Zelt des Propheten, die Falle des Vogelfängers auf all seinen Wegen und die Anfeindung im Haus seines Gottes. **9** Sehr verderblich handeln sie, wie in den Tagen Gibeas. Er gedenkt ihrer Schuld und ahndet ihre Sünden!

1 Hos 4,2; 10,3; Am 6,13; Mi 1,7 **2** Jes 24,7; Hos 2,9; Am 5,11 **3** Lev 20,22; Hos 8,13, 2Kö 17,6 **4** Num 15,5 **6** ApkEl 26,7,10 **7** Jes 10,3; Am 3,2 **9** Ri 19,22; Hos 10,9

V. 1 Die Aufforderung an Israel, sich nicht zu freuen, ist sehr ernst. Was ist der Grund? Sie sind von ihrem Gott zum Baal abgefallen, dem sie in einem unsittlichen Kult die Erträge zuschreiben. Sie sollen nicht, wie die Völker, weiter Feiern. V. 2 Die Getreide- und Weinerträge würden nicht Freund bleiben und der Most sie betrügen. Was hat es damit auf sich? V. 3 zeigt, dass sie das Land verlieren! Ephraim geht nach Ägypten (Hos 8,13), aber in Assyrien essen sie Unreines, d. h. entgegengesetzte Richtungen! V. 4 Auch die heiligen Trank- und Schlachtopfer entfallen, dafür gibt es verunreinigtes Trauerbrot. Ihr Brot ist nur für ihren eigenen Bedarf, und zeremoniell unrein. V. 5 Ihre Feiertage stehen vor dem Aus. V. 6 Sie ziehen nach Assyrien, sammeln sich in Ägypten und werden in Memphis bestattet.[8] Ihr wertvolles Silber bleibt einfach liegen, und wird mit

---

[8] Dieses Rätsel hat seine Parallelen in der Elia-Apokalypse. Darin ist Ägypten ein Synonym für die ganze Menschheit (vgl. Apk 11,8), Assyrien, der König

den Zelten der Natur überlassen. **V. 7** Die Tage der Ahndung und der Heimzahlung sind mit Israels Aufschrei „Der Prophet sei dumm und der Geistesmensch wahnsinnig", d. h. der Leugnung des Gerichtes Gottes, verbunden. **V. 8** Mit Spähangriffen wird jede Bedrohung von den Vertretern der Propheten bemerkt und heimtückische Fallen auf ihre Wege gebracht, ja sogar Anfeindungen im Haus seines Gottes verursacht. **V. 9** Der Vergleich ihres schändlichen Verhaltens mit denen der Tage Gibeas lässt auf ein Massaker gegen Propheten Jehovas im alten Israel schließen. Passend führt ein solches Verhalten vor Gott zu einer Abrechnung.

Hosea 9,6 Memphis in der EliaApokalypse

In seinem 30. Jahr	Nach 72 Ellen (Jahre)
Dann wird sich im Westen ein König erheben, denn man König des Friedens nennen wird. Er wird auf dem Meer laufen, wie ein brüllender Löwe. Er wird den König der Ungerechtigkeit töten. Sie werden an Ägypten Rache nehmen durch Krieg und Blut. – ApkEl 25,4-6	Sie werden Feuer sprühen, und das Feuer wird erfassen 72 Ellen, und wird fressen die Sünder und die Teufel wie Stroh. Es wird ein gerechtes Gericht stattfinden – ApkEl 40,14,23-30 *Die 72 Ellen sind 72 Jahre nach seinem Erscheinen als Gesalbter 1948, d. h. ab 2020, und angesprochen ist das COVID-19 als ein Gericht Gottes (vgl. ApkPet 12).*

1918   1948   2020

Siehe, ich sage euch seine Merkmale, damit ihr ihn erkennen werdet. Er hat nämlich zwei Söhne, einen zu seiner Rechten und einen zu seiner Linken. Aber der zu seiner Rechten wird ein teuflisches Gesicht erhalten und sich den Namen Gottes geben. Von jenem König stammen vier Könige ab, aber in seinem 30. Jahr kommt er nach Memphis herab. Er wird einen Tempel in Memphis aufbauen an jenem Tag. – ApkEl 26,7,1-10

Sich den Namen Gottes geben, der in Ägypten (Mernepthas-Stelle) mit der Landesbezeichnung für Israel identisch war, ist ein Merkmal des Sohnes zur Rechten. Der Vater kommt in seinem 30. Jahr nach Memphis, und baut einen (diesen?) Tempel auf. Israels Gründung am 14.05.1948 lässt als ein 30. Jahr auf das Ende des Ersten Weltkriegs 11.11.1918 blicken, aus dem die Vereinigten Staaten von Amerika als führende Weltmacht hervorgingen, und die britische Vorherrschaft ablöste.

---

des Nordens, der sich als das britische Empire ermitteln lässt, wurde 1918 vom König des Westens (König des Friedens) abgelöst. Memphis ist eine Tempelstätte für den Namen Gottes, die von einem Sohn dieses Königs im 30. Jahr errichtet wird. Diesem Sohn werden teuflische Züge nachgesagt, was mit der Bestattung in Memphis assoziiert (ApkEl 25-26). „Apk 11 und ApkEl dürften tatsächlich beide auf vorchristlich-apokalyptischen Stoffen basieren, wobei die ApkEl aber *eine von Apk 11 unabhängige* und z.T. ursprünglichere Überlieferung benutzt hat." *W. Schrage* JSHRZ V,3 Seite 207

Hosea 9,10-17

10 Wie Trauben in der Wildnis fand ich Israel. Wie die Erstfrucht an einem Feigenbaum sah ich eure Vorväter. Sie aber gingen zum Baal von Peor ein und weihten sich der Schande, und sie wurden abscheulich, wie ihre Lieben. **11** Ephraim ist wie ein Vogel. Seine Ehre fliegt weg, sodass es keine Geburt, kein Mutterleib und keine Empfängnis mehr gibt. **12** Und ziehen sie Söhne groß, will ich sie der Kinder berauben, sodass kein Mensch mehr da ist, ja — wehe auch ihnen, wenn ich von ihnen weiche! **13** Ist Ephraim, den ich wie ein Fels gepflanzt sah, dazu bestimmt, seine Söhne zum Tötenden hinauszuführen? **14** Gib ihnen, JHWH, was willst du geben? Gib ihnen unfruchtbare Mutterschöße und vertrocknete Brüste. **15** All ihre Schlechtigkeit war in Gilgal, denn dort hasste ich sie. Wegen ihrer üblen Taten vertreibe ich sie aus meinem Haus. Ich will sie von da an nicht mehr lieben. All ihre Fürsten handeln störrisch. **16** Geschlagen ist Ephraim, ihre Wurzel verdorrt, nicht fruchtbringend. Auch wenn sie gebären, töte ich die Früchte ihres Leibes.

17 Mein Gott wird sie verwerfen, denn sie hörten nicht auf ihn. Zu Flüchtlingen werden sie unter den Nationen.

10 Num 25,1-3; Hos 5,2 **11** Hos 7,11; 11,11 **13** 2Kö 15,16 **15** Hos 4,15; 12,11; Am 5,5 **16** Jes 7,8; Mal 4,1 **17** Dtr 28,64; Am 9,9

V. 10 Der Neuansatz beginnt bei den Vorvätern, die mit Trauben in der Wildnis und mit Frühfeigen verglichen werden. Doch sind ihre Nachkommen zum Baal von Peor eingegangen. V. 11 Ein Vogel, der keine Ehre kennt, soll auch keine Nachkommen mehr haben. Der V. 12 vertieft die Vernichtung der Nachkommenschaft, indem er diese mit dem Weichen seines Schutzes in Verbindung bringt. Das diese Wehe auch ihnen gilt zeigt deutlich, dass auch andere Nationen betroffen sind, denen sie dann gleichen werden. V. 13 Die Erwartung Gottes, der in Ephraim einen aufgestellten Felsen sah, würde sich zu der Bestimmung wenden, dass Ephraim seine Söhne zum Schlachter führen müsste. In V. 14 kommt Hosea zu Wort, der in einer Anrede an Jehova dessen Entscheid bekräftigt, V. 15 wobei er auf die Untaten in Gilgal zurückblickt. Gott vertreibt sie aus seinem Haus und stellt von da an seiner Liebe ein. Ihre Führer waren zu störrisch. V. 16 wiederholt die Ankündigung und in V. 17 bekräftigt wieder Hosea.

1 Israel war ein üppiger Weinstock, der Frucht brachte. Je mehr Frucht er brachte, desto mehr wurden seine Altäre. Als es dem Land gut ging, stellten sie gute Säulen auf. **2** Ihr Herz ist falsch und sie sind für schuldig befunden. Er selbst zerbricht ihre Altäre, er zerstört ihre Säulen. **3** Jetzt werden sie sprechen: ‚Wir haben keinen König, denn JHWH fürchten wir nicht. Was tut den der König für uns?' **4** Sie reden Worte, leisten falsche Eide, schließen Verträge, und das Gericht sprosst wie Giftkraut in den Furchen des Feldes. **5** Um das Kalb von Beth-Awen zittern die Bewohner Samarias, denn sein Volk trauert darum und seine Priester beweinen es, wegen seiner Hoheit, die ihnen entschwindet. **6** Auch es wird nach Assyrien gebracht als Gabe für den Großkönig. Ephraim nimmt Schmach auf sich. Israel schämt sich seines Planes. **7** Samaria kommt um. Sein König wird wie ein abgeknickter Zweig auf dem Wasser. **8** Zugrunde gehen die Höhen von [Beth]-Awen, die Sünde Israels. Ja, Dornen und Disteln wachsen auf ihren Altären. Und man wird zu den Bergen sagen: ‚Bedeckt uns!' und zu den Hügeln: ‚Fallt über uns!'

1 Jes 5,1; Hos 8,11; 12,11 **2** 1Kö 18,21; Mi 5,13 **3** Hos 3,4; 13,11 **4** 2Kö 17,4; Jes 5,7; Am 6,12 **5** 1Kö 12,28; Hos 4,15 **6** Jes 30,3; Mi 6,16 **7** 2 Kö 17,4 **8** Hos 4,15; Am 7,9; 2Kö 23,15; Luk 23,30; Apk 6,16

Der Blick wird nun auf Israels Kultstätten gerichtet, V. 1 der Weinstock Israel und seine Neigung, Altäre und Säulen aufzustellen. V. 2 Ihre bösen Absichten machen sie schuldig. Diese Kultstätten werden von Gott vernichtet. V. 3 Ihr Abfall von Jehova drückt sich wie bei den steinernen Götzen auch auf politischer Ebene aus. Sie lehnen Gott als König ab und fragen ihren König, der ein Götze ist, nach ihrem selbstsüchtigen Nutzen. V. 4 Ihre Absichten sind verlogen und selbstsüchtig, d. h. ihr Urteil sprosst wie eine Giftpflanze in den Furchen des Feldes, d. h. dem Bereich, wo der Bauer auf Fruchterträge hofft. V. 5 Das Kalb, der Hauptgötze Samarias, wird beweint und betrauert, V. 6 weil es nach Assyrien zum Großkönig kommt. Diese Niederlage geht auf die fehlerhafte Außenpolitik des Königs zurück. V. 7 Israels König fällt wie seine Götzen. V. 8 Die Kultstätten gehen sicher zugrunde. Diese ausweglose Situation im Gericht führt zu dem Bedürfnis nach Schutz. Der Spruch ‚Berge, bedeckt uns' und ‚Hügel, fallt über uns' drückt die Scham und die Hilflosigkeit aus.

Hosea 10,9-15

9 Seit den Tagen Gibeas hast du gesündigt, Israel. Dort blieben sie stehen. In Gibea holt sie der Krieg gegen die Frevler ein. **10** Ich bin vor ihre beiden Augen getreten. Völker versammeln sich gegen sie, um sie zu züchtigen für ihre doppelte Schuld. **11** Und Ephraim war eine geübte junge Kuh, die zu dreschen liebte. Ich aber legte ihr ein Joch über den schönen Nacken. Ich spannte Ephraim ein. Juda pflügt und Jakob eggt ein. **12** Sät in Gerechtigkeit, erntet in Liebe. Brecht euch einen Neubruch [der Erkenntnis], denn es ist Zeit, JHWH zu suchen, mit Frucht der Gerechtigkeit, bis er kommt. **13** Ihr habt Unrecht gepflügt, Frevel habt ihr geerntet. Die Frucht der Lüge esst ihr, denn du hast auf deine Wagen vertraut, auf die Menge deiner Starken. **14** Und ein Sturm kommt unter deinem Volk auf, und deine Festungen werden alle zerstört, wie Schalman Beth-Arbel am Tag der Schlacht zerstörte, als eine Mutter über Söhnen zerschmettert wurde. **15** Genauso tue ich euch, Haus Israel, wegen eurer schlimmen Schlechtigkeit. In der Morgenröte wird der König von Israel zum Schweigen gebracht werden.

9 Ri 19,15-20,48; Hos 9,9 **11** Jes 28,24 **12** Jes 55,6.7; Am 5,4 **13** Hos 8,7; Gal 6,7 **14** 2Kö 18,19 **15** Am 7,9

V. 9 Die Tage Gibeas sprechen von Israels Sünde während der Richterzeit, die gestoppt und durch Krieg der übrigen Stämme gegen die Frevler beendet wurde. V. 10 Nun tritt Gott vor ihre beiden Augen (Israel und Juda). Sie werden gezüchtigt für ihre zweifache Schuld.

V. 11 Beim Dreschen kann die Kuh fressen. Deshalb sollte Ephraim in ein Joch gespannt werden. Juda pflügt und Jakob eggt ein. Damit war die Möglichkeit gegeben, V. 12 in Gerechtigkeit zu säen und in Liebe zu ernten, nicht in Selbstsucht (V. 9.11a).

‚Brecht euch einen Neubruch!', einen Neuanfang, Jehova zu suchen. Die Aussaat der Gerechtigkeit führt zur Frucht der Gerechtigkeit, die sie, bis er kommt (apokalyptische Ansage), hervorbringen sollten!

V. 13 Israel befand sich ja bereits im Gericht, weil es Unrecht pflügte und Frevel erntete und die Frucht der Lügen gegessen hat, das Vertrauen auf militärische Macht. V. 14 Das Haus Arbel (Irbid in Gilead) wurde durch Salmanassar zerstört. V. 15 Diese Strafe trifft Israel. In der Morgenröte, d. h. noch vor Sonnenaufgang, fällt der König.

1 Als Israel jung war, gewann ich ihn lieb, und aus Ägypten rief ich meinen Sohn. **2** Andere riefen sie, und sie wichen von mir. Sie opferten den Baalen und räucherten Schnitzbildern. **3** Ephraim habe ich das Laufen beigebracht, nahm sie auf meine Arme. Sie erkannten nicht, dass ich sie pflegte. **4** Mit menschlichen Seilen zog ich sie, mit den Stricken der Liebe. Ich war für sie wie die, die ein Kleinkind an ihren Wangen heben, neigte mich zu ihm und gab ihm zu essen. **5** Er kehrt ins Land Ägypten zurück, aber Assyrien ist sein König, weil sie sich weigerten, umzukehren. **6** Und ein Schwert schwingt in seinen Städten und verzehrt ihre Ratgeber. **7** Mein Volk bleibt von mir abgefallen. Zum Baal rufen sie, der keinen hochhebt. **8** Wie kann ich dich aufgeben, Ephraim? Wie dich ausliefern, Israel? Wie kann ich dich Adma gleichsetzen? Dich wie Zebojim behandeln? Mein Herz hat sich gedreht, mein Mitleid entbrennt heftig. **9** Meinen glühenden Zorn halte ich zurück. Ich werde Ephraim nicht wieder verderben, denn ich bin Gott und nicht ein Mann, der Heilige in deiner Mitte, und ich werde nicht in Wut geraten. **10** JHWH werden sie folgen. Wie ein Löwe brüllt er, denn er wird brüllen, sodass die Söhne zitternd vom Meer aus ankommen. **11** Wie ein Vogel werden sie zitternd aus Ägypten kommen und wie eine Taube aus dem Land Assyrien, und ich lasse sie heimkommen, ist der Ausspruch JHWHs.

1 Ex 4,21.22; Mat 2,15 **2** Jer 9,13 **3** Jes 46,3 **4** Jes 63,9 **5** Hos 8,13; 9,3 **6** Jes 30,1 **8** Hos 6,4; Dtr 29,23 **10** Joel 3,16; Am 1,2 **11** Jes 60,8; Hos 7,11; 9,11

In einem Neuansatz wird die Beziehung, die Gott zu Israel aufgebaut hatte, beschrieben, auch wie er diese fortsetzt. V. 1 Er gewann Israel lieb, und rief ihn aus Ägypten. V. 2 Auch andere riefen, was ihn abweichen ließ. V. 3 Er brachte Ephraim das Laufen bei, tröstete und pflegte sie, V. 4 die Stricke der Liebe, die ein Kind bei den Wangen führt, um es zu füttern. V. 5 Die Rückkehr nach Ägypten unter Assyrien (Hos 8,13; 9,3) ist eine Zuchtmaßnahme. V. 6 Ihre Ratgeber empfangen ein Gericht. V. 7 Das Volk ruft nicht zu Jehova, um wie ein Kind hochgenommen zu werden. V. 8 Kann ein Vater sein Kind aufgeben? Adma und Zebojim sind durch Gott gerichtete Städte (Dtr 29,23). Der Vater wendet sein Herz zum Kind! V. 9 Er wird nicht seinen Sohn im Zorn verderben. V. 10 Sie werden ihm folgen. Er brüllt wie ein Löwe. Sie kommen zitternd vom Westen V. 11 wie ein Vogel (Hos 9,11), eine Taube (Hos 7,11) heimkommt.

Hosea 12,1-15

1 Mit Lügen umgab mich Ephraim und mit Trug das Haus Israel. Juda geht noch bei Gott umher, und hält sich treu bei den Heiligen. **2** Ephraim weidet sich an Wind und jagt dauernd dem Ostwind nach. Lügen und Gewalt mehrt es. Und sie schließen einen Bund mit Assyrien, und Öl wird nach Ägypten gebracht. **3** Und JHWH hält Gericht mit Juda, um mit Jakob nach seinen Wegen abzurechnen. Nach seinen Taten wird er ihm vergelten. **4** Im Mutterleib ergriff er seinen Bruder, und in seiner Kraft stritt er mit Gott. **5** Aber Gott gewann die Oberhand. Er weinte und flehte ihn an. In Bethel fand er ihn, und dort redete er mit ihm. **6** Und JHWH ist der Gott der Heere, JHWH ist sein Gedenkname. **7** „Du sollst zu deinem Gott umkehren, indem du Treue und Recht bewahrst, und auf deinen Gott vertraust. **8** Der Händler bedient eine falsche Waage. Betrug hat er geliebt. **9** Aber Ephraim spricht: ‚Ich bin reich geworden, habe ein Vermögen gemacht.' Von seinem Gewinn hat er nichts wegen der Schuld, mit der er sich versündigt hat. **10** Ich aber bin JHWH, dein Gott, vom Land Ägypten her. Noch lasse ich dich in den Zelten wohnen wie in den Tagen der Begegnung. **11** Und ich rede zu den Propheten und mehre die Visionen, und durch die Hand der Propheten will ich dich zum Schweigen bringen. **12** Bei Gilead ist Frevel und auch Trug geschehen. In Gilgal haben sie sogar den Dämonen geopfert. Ihre Altäre werden wie Steinhaufen in den Furchen des Feldes. **13** Und Jakob floh ins Feld von Syrien, und Israel diente durch eine Frau, und um eine Frau wurde er Hüter. **14** Aber durch einen Propheten führte JHWH Israel aus Ägypten herauf, und durch einen Propheten wurde er gehütet. **15** Ephraim hat bitter gekränkt. Seine Bluttaten lädt er ihm auf, und seine Schmähung gibt ihm sein Herr zurück.

1 Hos 8,7; 2Kö 15,19; 17,4 **2** Hos 7,11 **3** Hos 4,1 **4** Gen 25,26; 32,25f **5** Gen 28,10f **6** Ex 3,15 **7** Jes 31,6: Hos 14,1 **8** Am 8,5; Mi 2,1 **9** Apk 3,17 **11** Hos 6,5 **12** Hos 4,15; 6,8; 9,15 **13** Gen 29 **14** Ex 3,10

V. 1-3 Das politische Verhalten Israels und Judas wird angesprochen und ein Gericht an Juda angekündigt. V. 4-5 Es werden zwei Szenen über Jakob eingeblendet. V. 6 ist ein Einschub. In V. 7-9 stehen Gottvertrauen und Mammon gegenüber. In V. 10-11 blitzen die Begegnung und Gottes Handeln durch die Propheten auf. V. 12 nennt das Vergehen in Gilead und Gilgal. In V. 13 blitzt Jakob mit Rebeka, in V. 14 der Exodus auf. V. 15 Ephraims Bluttaten werden erstattet.

1 Wenn Ephraim redete, war es gefürchtet. Er war in Israel sehr angesehen. Doch er wurde straffällig mit dem Baal und starb. **2** Und nun sündigen sie erneut und machen sich Gussbilder aus ihrem Silber, der Götzen Bildnis, alles Handwerksarbeit. Sie nennen es Gott, opfern Menschen und küssen Kälber. **3** Darum werden sie wie Morgengewölk und wie Tau, der früh vergeht, wie Spreu, die von der Tenne verweht, und wie Rauch aus der Dachöffnung. **4** Ich aber bin JHWH, dein Gott vom Land Ägypten her, und du kennst kein Gott neben mir, und da war kein Retter, als ich. **5** Ich weidete dich in der Wüste, im Land der Dürre. **6** Gemäß ihrer Weide wurden sie auch satt. Sie wurden satt, und ihr Herz überhob sich. Darum vergaßen sie mich. **7** Ich wurde ihnen zum Löwen. Wie ein Panter am Weg werde ich lauern. **8** Ich falle sie wie eine Bärin an, die ihre Jungen verloren hat, und ich zerreiße den Verschluss ihres Herzens. Und dort verzehrt sie ein Löwe, ein wildes Tier reißt sie in Stücke.

1 2Kö 17,16; Hos 11,2 **2** Hos 2,8; 1Kö 12,28 **3** Hos 6,4; Zep 2,2 **4** Hos 12,10; Ex 20,3 **5-6** Dtr 2,7 **7** Hos 5,14 **8** 2Sam 17,8

V. 1-3 Der Niedergang Ephraims durch den Baal Kult und durch die Kälber Bildnisse machen ihn vergänglich, wie die drei Bilder zeigen: Tau und Morgengewölk verziehen sich, Spreu verweht im Wind und Rauch aus der Dachöffnung einer Feuerstelle löst sich schnell auf. Ihre Missachtung war unbegründet und wird in V. 4-5 seiner Fürsorge im Exodus und der Wüste gegenübergestellt, als kein anderer Gott bei ihnen war. V. 6 macht mit kürzesten Worten auf die Hintergründe ihres Gesinnungswechsels aufmerksam. Sie vergaßen ihren Gott.

Mit diesen Worten wird die Abrechnung mit seinem Volk eingeleitet!

In V. 7-8 wird die Verwandlung Gottes in einen Feind in drei Bildern verdeutlicht: Ein Panter, der sie ständig belauert, eine Bärin, die ihre Jungen verloren hat und sie umso wütender anfällt und ein Löwe, der sie zerreißt und auffrisst!

In den V. 9-16 werden diese Bilder mit der weiteren Entwicklung verbunden und zu einem ernüchternden Abschluss gebracht.

Hosea 13,9-16

9 Es vernichtet dich, Israel. Wer kommt dir zur Hilfe? **10** Wo ist denn dein König, um dich zu retten, und deine Fürsten, die Recht schaffen, über die du sprachst: ‚Gib mir einen König und Fürsten.'? **11** Ich gab dir einen König in meinem Zorn, und ich werde ihn wegnehmen in meinem Grimm. **12** Ephraims Vergehen ist eingewickelt, seine Sünde ist aufbewahrt. **13** Wenn die Geburtswehen für ihn kommen, ist er ein unweiser Sohn. Wenn es Zeit ist, tritt er nicht in den Muttermund. **14** Aus der Hand des Grabes werde ich sie erlösen, vom Tod werde ich sie zurückholen. Wo sind deine Seuchen, Tod? Wo ist dein Stachel, Grab? Mitleid ist meinen Augen verborgen. **15** Wenn er gedeiht zwischen Brüdern, wird ein Ostwind, der Wind JHWH, der aus der Wüste kommt, heraufsteigen, und er trocknet seine Brunnen aus und lässt seinen Quell versiegen. Er verwüstet sein Land und seinen ganzen Wohlstand. **16** Samaria muss büßen, denn es hat sich gegen seinen Gott empört. Durch das Schwert werden sie fallen. Ihre Kinder werden zerschmettert, und ihre Schwangeren aufgeschlitzt.

10 1Sam 8,5.19f **11** 1Sam 8,7.22; Hos 10,15 **12** Dtr 32,34 **13** Mi 4,9 **14** Hos 6,2; 1Kor 15,55 **15** Hos 4,19 **16** Jes 1,20; Hos 10,4

Die Verwandlung in einen Feind (V. 7-8) lässt die rhetorische Frage in V. 9 nach einem Helfer aufkommen. V. 10 Wo ist denn dein König? (Hos 10,3.7). V. 11 Ein König wurde von Gott gegeben und ein König wird von Gott weggenommen. Beides erfolgt unter einer belasteten Beziehung. V. 12 Die Erinnerung wird aufbewahrt. V. 13 Zur Zeit seiner Geburt, als Juda 521 zurückkehrte, trat er nicht mit durch die Geburtsöffnung. Es gab keine Rückkehr der zehn Stämme Israels! V. 14 Aus dem Scheol, in dem sie im Tod eingebettet wurden, werden sie zurückgeholt! Vorher empfindet Gott kein Mitleid mit ihnen. V. 15 Wenn er zwischen Brüdern aufsteigt, wird Dürre seinen Wohlstand austrocken. V. 16 Samaria, die Stadt des Königs, muss mit seinen Nachkommen im Krieg umkommen.

Paulus führt in 1Kor 15,55 frei Hos 13,14 an, um den noch bevorstehenden Sieg über den Tod zu betonen.

1 Kehre zurück, Israel, zu JHWH, deinem Gott, denn du bist über deine Schuld gefallen. **2** Nehmt Worte mit euch, und kehrt zu JHWH um. Sprecht zu ihm: ‚Mögest du Vergehen verzeihen, und nimm an, was gut ist, und wir bringen die Frucht unserer Lippen. **3** Assyrien kann uns nicht retten. Auf Pferden werden wir nicht reiten. Zum Werk unserer Hände wollen wir nicht mehr sagen: ‚unser Gott‘, da bei dir elternlose Barmherzigkeit finden. **4** Ich werde ihre Untreue heilen. Ich liebe sie aus freiem Antrieb, weil sich mein Zorn von ihm abgewandt hat. **5** Ich werde für Israel wie der Tau sein. Er wird blühen wie die Lilie und wird Wurzeln schlagen wie der Libanon. **6** Seine Triebe werden ausschlagen, seine Würde wird dem Olivenbaum gleich, und sein Duft gleich dem Libanon. **7** Sie werden wieder in meinem Schatten wohnen. Sie bauen Korn an und ziehen Weinstöcke, deren Ruf dem Wein des Libanon gleicht. **8** Ephraim: ‚Was habe ich noch länger mit den Götzen zu schaffen?‘ Ich werde es erhören und wiederherstellen. Ich bin wie ein üppiger Wacholderbaum. An mir ist Frucht von dir zu finden. **9** Wer ist weise, dass er diese Dinge verstehen kann? Verständig, dass er sie erkennen kann? Denn die Wege JHWHs sind gerade, und die Gerechten sind es, die darauf wandeln werden, aber die Frevler kommen darauf zu Fall.

1 Hos 5,5 **2** Heb 13,15 **3** Hos 7,11; Jes 31,1 **4** Jes 57,18 **5** Dtr 32,2 **6** Jes 35,1 **7** Sach 8,12 **8** Hos 4,17; Jes 41,19; 55,13; 60,13 **9** Spr 1,5; Apk 13,18

V. 1 Die Aufforderung zur Rückkehr ist durch die Geburtsweigerung Israels in Hos 13,13 nicht aufgehoben. V. 2 Sie sollen Worte mitnehmen, die zur Umkehr führen, zur Vergebung und der Annahme der Frucht der Lippen. V. 3 Entsprechend wird das Bekenntnis vorgelegt, das Reue über das Vertrauen auf Assyrien und geschaffenen Götzen zum Ausdruck bringt, weshalb sie als Waise Schutz suchen. V. 4 Ihre Untreue wird geheilt. Selbstlose Liebe treibt Gott an, nachdem sich sein Zorn abgewandt hat. In V. 5-7 wird Gott für Israel zum Tau, was weitere neun Bildvergleiche nach sich zieht. Die Heilung wird daran deutlich werden, V. 8 dass sie nicht mehr länger mit Götzen zu schaffen haben. Gott wird sie erhören und Wiederherstellen, wie ein wuchtiger Baum, der Frucht von Israel trägt.

V. 9 bildet den Abschluss vom Buch Hosea mit der Aufforderung, mit Weisheit und Verstand diese Rätselreden zu erfassen.

Vorwort zu Joel

Über Joel und seine Zeit wissen wir zu wenig, um daraus eine eindeutige Datierung ableiten zu können. Die Einordnungen schwanken tatsächlich vom 8. Jhd. bis zum 2. Jhd., wobei die Zeit unmittelbar vor der Invasion der Babylonier als sehr wahrscheinlich anzusetzen ist. Aus der NBC kommen hierzu neue Impulse, da Heuschrecken in der Apokalyptik mit dem Übergang von Mondzeiten zu Sonnenzeiten in Verbindung stehen. Zwischen 354 Tagen/Jahren und 365 Tagen/Jahren ergeben sich nach sieben Mondzeiten im Jahr 612 v. u. Z.[9] bis zu vollen sieben Sonnenzeiten 535 v. u. Z. eine Übergangszeit. Joel macht mit Sonne und Mond Zeitangaben über den Tag Jehovas.

Die Zeiten der Nationen (Luk 21,24), die auch nach dem Exil Judas nicht endeten und in Anlehnung an Dan 4 sieben Zeiten andauern sollten, wurden in Mondzeiten tatsächlich erst mit dem Zweiten Weltkrieg beendet!

> Und ich werde Wahrzeichen setzen am Himmel und auf Erden, Blut und Feuer und Rauchpilze. Die Sonne wird verfinstert und der Mond blutig, bevor der Tag Jahwes kommt, der große und furchtbare.[10]

Der Ablauf der Sonnenzeiten des zweiten Siebeners ist heute im Jahr 2020/21. Erst jetzt kann eine Sonne(nzeit) verfinstert erscheinen, während eines blutigen Mondes Zeit den Ausgang der Mondzeiten 1945 im 2. Weltkrieg beschreiben!

In Joel 4,1-21 [3,1-21] wird zu einem Krieg der Küstenvölker gegen Israel in der Talebene Josaphats aufgerufen (V. 9-14). In Joel 4,15 ist dazu eine fortgeschrittene Zeitangabe zu finden:

> Sonne und Mond sind schwarz, der Sterne Glanz erloschen.[11]

Diese Zeit ist jenseits der sieben Zeiten nach 2020/21 u. Z. Die bezeichneten Völker existieren heute nicht mehr, und werden für andere Völker stehen, die zur Auseinandersetzung aufgerufen werden.

---

[9] Eine Übersicht der wiederentdeckten biblischen Zeitrechnung in: Biblische Zahlenwerte und ihre Bedeutung II (2018) *Harald Schneider*.
[10] Joel 3,3 *Hans Walter Wolff* BKAT XIV/2, Seite 65 [= Joel 2,30]
[11] Joel 4,15. Ebda, Seite 86 [=Joel 3,15]

Einleitung zu Joel

Der Prophet Joel schrieb über den Gerichtstag das Wort Jehovas auf (Joel 1,1). Geschildert wird, wie Insekten, Dürre und Feuer die Lebensgrundlagen Israels vernichten (Joel 1,4-20). Heuschrecken mit dem Aussehen von Pferden und dem Geräusch von Wagen hüpfen auf den Bergen, erklimmen Mauern und verzerren alles einem flammenden Feuer gleich (Joel 2,2-11).[12] Eine Umkehr zu Jehova ist Israel auch jetzt noch möglich (Joel 2,12-18). Die Jahre der Heuschrecken sollen ersetzt werden (Joel 2,18-35). Er würde Geist auf Söhne und Töchter, alte und junge Menschen, ausschütten (Joel 3,1-5).[13]

In Joel 4,1-21 [3,1-21] wird zu einem Krieg der Küstenvölker gegen Israel in der Talebene Josaphats aufgerufen (V. 9-14). Vor diesem Kriegsaufruf an die Völker erfahren wir einige Hintergründe.

Tyrus, Sydon und alle Philistergaue werden der Raub von Silber und Gold (V.5) und der Verkauf der Nachkommen Judas an die Griechen (V.6) vorgeworfen. Diese würden deshalb von jenem Ort aus aufbrechen und deren Nachkommen an die Sabäer verkaufen (V. 7-8). Hier ist die Gründung des Staates Israel 1947 und die Verdrängung der Palästinenser angesprochen. Die Sichel zur Ernte (V.13) und das treten der Weinkelter als Bild für das Gericht wird auch in der Offenbarung an Johannes verarbeitet (Apk 14,14-20).[14] In Joel wird nach dem Strafgericht an den Küstenvölkern Palästinas (V.14) Jehova von Zion und Jerusalem aus brüllen (Am 1,2), sodass Himmel und Erde erbeben (V.16). Mit Jerusalem als Heiligtum wird Judas Land fruchtbar (V.18), während Ägypten und Edom (die Araber) zu einer Wildnis werden (V.19).

---

[12] Auf dieses Bild wird bei Johannes (Apk 9,5) Bezug genommen und 5 Monate Qualen angezeigt, die wie beim Stachel eines Skorpions hinter den Mondzeiten angehängt erscheinen. Dabei handelt es sich um die Zeit zwischen dem Mond- (354) und dem Sonnenjahr (365), die bei 2 x 7 Jahr-Jahren zustande kommen. Dan 12,11.12 weiß von einem Plus von 75 Tagen je Zyklus (1260 Tage = 3 ½ Zeiten / 1290 Tage incl. Schaltung / 1335 Tage = 3 ½ Zeiten incl. 75 Tagen Schaltung für 7 Zeiten).
[13] vgl. Apg 2,1-21
[14] Dort sind 144000 von der Erde erkaufte Menschen in Zion (Apk 14,1-5), eine ewige gute Botschaft (Apk 14,6-7) und der Sturz der Hure Babylon der Großen der Kennzeichnung zum Gericht (Apk 14,9-12) vorweggestellt.

1 Das Wort JHWH, das an Joel erging, dem Sohn Pethuels.

2 Hört dies, ihr älteren Männer, und hört zu, ihr Bewohner der Erde. Geschah so etwas in euren Tagen oder in den Tagen eurer Väter? **3** Erzählt davon euren Söhnen und eure Söhne ihren Söhnen und ihre Söhne der folgenden Generation.

4 Was die Raupe übrigließ, hat die Heuschrecke gefressen, und was die Heuschrecke übrigließ, hat die flügellose Kriechheuschrecke gefressen, und was die flügellose Kriechheuschrecke übriggelassen hat, hat der Vertilger gefressen.

1 Hos 1,1; Mi 1,1; Zep 1,1; Jona 1,1; LXX: Bathuel (Gen 22,22) **2** Dtr 32,7; LXX: Bewohner des Landes **4** Joel 2,25; Dtr 28,38; Ps 105,34; Nah 3,17

V. 1 Das Buch Joel eröffnet mit „Wort Jehovas" und nennt seinen Namen und den Namen seines Vaters. Dieser Name kam häufiger vor, sodass sich daraus kaum Schlüsse auf die Person oder die Zeit seines Wirkens ziehen lassen. Er war ein Judäer, weil er im V. 6 von Juda als „mein Land" spricht.

Der V. 2 beginnt mit einer Aufforderung an die Führer, zu hören. Die Bewohner des Landes oder der Erde (National oder Universal) sollten gut zuhören. Die rhetorische Frage, ob so etwas schon einmal vorkam, geht an die Älteren mit dem größten Erfahrungsschatz und an die Bewohner Judas. Der V. 3 fordert gleich nach der in die Vergangenheit gerichteten Frage zur Weitergabe an die Söhne und für die zukünftigen Generationen auf. Dadurch war es der Gemeinschaft möglich, ihre Erfahrungen zu transportieren, was eine Verschriftung der vorgetragenen Worte Jehovas nach sich zog.

Der V. 4 ist die Beschreibung einer Heuschreckenplage, bei der angefangen vom „Beißer" im Raupenstadium über die vernichtende Wirkung jeder Phase des Insekts berichtet wird. Manche der insgesamt sieben Begriffe für Heuschrecke sind noch etwas unklar.

V. 1-4 misst der außergewöhnlichen Heuschreckenplage eine tiefere Bedeutung bei, die über den Schaden in V. 5-12 weit hinausgeht.

Joel 1,5-12

5 Wacht auf, ihr Betrunkenen, und weint. Wehklagt, ihr Weintrinker, wegen des süßen Weines, denn er ist von eurem Mund abgetrennt. **6** Denn ein Volk zog in mein Land herauf, mächtig und ohne Zahl. Ihre Zähne sind die eines Löwen, und sie hat die Kinnladen eines Löwen. **7** Sie hat meinen Weinstock verwüstet und meinen Feigenbaum zu einem Stumpf gemacht. Sie hat ihn abgeschält und weggeworfen. Seine Ranken sind weiß geworden. **8** Trauert wie es eine mit Sacktuch gegürtete Jungfrau um den Mann ihrer Jugend tut. **9** Getreideopfer und Trankopfer sind getrennt vom Haus JHWHs. Die Priester, die Diener JHWHs, haben getrauert. **10** Das Feld ist verheert, die Erde in Trauer, denn das Korn ist verheert, der neue Wein ist vertrocknet, das Öl ist dahingeschwunden. **11** Bauern sind beschämt und Winzer haben getrauert wegen des Weizens und wegen der Gerste, denn die Ernte des Feldes ist verloren. **12** Selbst der Weinstock welkt, und der Feigenbaum ist dürr. Granatäpfel und Datteln und Äpfel, alle Bäume des Feldes sind verdorrt, die Freude der Menschensöhne ist verdorrt.

5 Hos 4,11 **6** Apk 9,8 **8** Hes 7,18 **10** Joel 2,19

V. 5 beginnt mit einem Weckruf an die Weintrinker, aufzuwachen! V. 6 Ein unzählbares Heuschreckenvolk zog durch das Land und fraß mit den Zähnen und dem Kiefer von Löwen. V. 7 Der Weinstock und der Feigenbaum sind in katastrophalen Zustand. V. 8 Der wirtschaftliche Verlust mit all seinen Folgen soll betrauert werden, so wie eine Jungfrau ihren zukünftigen, jedoch verstorbenen Mann in Sacktuch betrauern würde. Von jeder Ernte wurde ein Teil für die nächste Aussaat und ein Teil für das Haus Jehovas gegeben, für den Altar sogar das Beste. Der V. 9 beschreibt einen dramatischen Einbruch, wie er bereits in V. 5 für das festliche Leben der Menschen zum Ausdruck kam. Die Gründe werden in V. 10 mit den drei wichtigsten Lebensmitteln vor Auge gestellt: das Korn, der Wein und das Olivenöl (vgl. Apk 6,6). Der V. 11 nennt die Bauern und Winzer als betroffene Berufsgruppen. Die Weizenernte und die Gerstenernte der ersten drei Monate fällt aus, und die Ernte des Feldes ist ebenso verloren, wie die Weinlese im vierten Monat. V. 12 zählt nach dem Wein auch einige Sommerfrüchte auf, die ebenso verdorrt sein werden, wie die Freude der Menschen verdorren würde.

13 Gürtet euch und klagt, ihr Priester. Wehklagt, ihr Diener des Altars. Kommt herein, verbringt die Nacht in Sacktuch, ihr Diener meines Gottes, denn dem Haus eures Gottes sind Getreideopfer und Trankopfer abgetrennt worden. **14** Veranlasst ein Fasten. Ruft einen Feiertag aus. Versammelt die Ältesten, alle Bewohner des Landes, zum Haus JHWHs, eures Gottes, und schreit zu JHWH um Hilfe.

15 Ach über den Tag! Denn der Tag JHWHs ist nahe, und wie eine Verheerung vom Allmächtigen kommt er! **16** Ist nicht Nahrung vor unseren Augen vernichtet worden, vom Haus unseres Gottes Freude und Frohlocken? **17** Saatkörner sind unter der Erde verkümmert. Vorratshäuser sind zerstört. Scheunen sind niedergerissen worden, denn das Getreide verdorrt. **18** Wie das Haustier stöhnt! Die Rinderherden irren umher! Denn es gibt keine Weide für sie. Auch die Schafherden müssen die Folgen tragen.

19 Zu dir, JHWH, werde ich rufen, denn Feuer selbst hat die Weidegründe der Wildnis verzehrt, und eine Flamme hat alle Bäume des Feldes verzehrt. **20** Auch die Tiere des Feldes lechzen fortwährend nach dir, denn die Wasserbäche sind ausgetrocknet, und Feuer hat die Weidegründe der Wildnis verzehrt.

13 Jes 32,11-12 **14** Joel 2,16; 3,9 **15** Joel 2,1.11.31; 3,14; Jes 13,6

V. 13 Der Prophet fordert nun die Priester zur innigsten Wehklage in Sacktuch auf, weil die Zutaten für die Opfergaben weggebrochen sind. V. 14 Das ganze Volk soll Fasten und gemeinsam zu Jehova um Hilfe schreien. Dieser Hilferuf macht deutlich, dass V. 15 eine Erwartung des Tages Jehovas im geistigen Gut schon vorher bestanden haben muss. Mit dieser Krise wurde dessen Nähe fühlbar! Einen schlimmeren Tag konnte man sich nicht vorstellen. V. 16 begründet diesen Vergleich in der Hilflosigkeit, mit der sie die Vernichtung ihrer Lebensgrundlagen mitansehen mussten. V. 17 Auch die Aussaat hat nichts gebracht, weshalb die Vorratsstätten veröden. Mit der Heuschreckenplage war auch eine Dürreperiode verbunden (V. 19-20). V. 18 spricht das Leiden der Viehherden an, die sich vergeblich auf Nahrungssuche begeben. In V. 19 schreit der Propheten direkt zu Jehova, wobei ein Element des Tages Jehovas, das Feuer der Vernichtung, synonym für die Heuschrecken gebraucht wird. In V. 20 wird zusätzlich auf ausgetrocknete Wasserläufe hingewiesen!

Joel 2,1-11

1 Blast das Horn in Zion, und gebt Alarm auf meinem heiligen Berg. Mögen alle Bewohner des Landes zittern, denn der Tag JHWHs kommt, denn er ist nahe! **2** Es ist ein Tag der Finsternis und Dunkelheit, ein Tag dunkler Wolken. Wie Morgenröte ausgebreitet über den Bergen, so ein zahlreiches und mächtiges Volk. Eines gleich ihm gab es noch nicht, und nach ihm wird keines wieder sein, bis in die Jahre von Generation zu Generation. **3** Vor ihm her hat Feuer verzehrt, und hinter ihm verzehrt eine Flamme. Wie der Garten Eden ist das Land vor ihm, hinter ihm aber ist es eine öde Wüste, und es wird nichts verschont.

4 Sein Aussehen gleicht Pferden, und wie Reitpferde rennen sie. **5** Wie mit dem Geräusch von Wagen, die über die Bergkuppen hüpfen, wie das Prasseln eines Feuers, das Stoppeln verzehrt. Es ist wie ein mächtiges Volk in Schlachtordnung aufgestellt. **6** Seinetwegen winden sich Völker vor Schmerzen, alle Gesichter glühen.

7 Wie starke Männer laufen sie. Wie Kriegsmänner ersteigen sie eine Mauer. Und jeder geht seinen eigenen Weg, und sie ändern ihre Bahn nicht. **8** Und sie stoßen einander nicht. Jeder geht seinen Lauf, und unter den Geschossen fallen sie ein, ohne abzubrechen. **9** Die Stadt überfallen sie. Auf die Mauer rennen sie. Die Häuser ersteigen sie. Durch die Fenster gehen sie hinein, wie der Dieb.

10 Davor erbebt die Erde, die Himmel zittern. Sonne und Mond haben sich verfinstert, und die Sterne haben ihren Glanz zurückgezogen. **11** Und JHWH selbst wird seine Stimme vor seiner Streitmacht her erschallen lassen, denn sein Lager ist sehr zahlreich. Denn er, der sein Wort vollstreckt, ist mächtig, denn der Tag JHWHs ist groß und sehr furchteinflößend, und wer kann ihn aushalten?

1 Hos 5,8; Jer 4,5; Zep 1,14-16 **2** Am 5,18.20; Dtr 4,11; Jes 13,4 **3** Zep 1,18; Gen 2,8f **4-5** Apk 9,7.9 **6** Jes 13,8; Nah 2,11 **7-9** Zep 1,13 **10** Jes 13,13; Jer 4,23-24; Hes 38,19-20; Nah 1,5; Joel 3,15 **11** Zep 1,14; Mal 3,2

V. 1-11 Aufgrund der erlebten Heuschreckenplage in Kapitel 1 und der dadurch gefühlten Nähe zum Tag Jehovas (Joel 1,15) wird in Kapitel 2 darauf aufbauend eine vergleichbare, aber noch zukünftige Invasion durch ein Heer angesagt (V. 2b-9). Eine zeitliche Orientierung wird durch ein Beben im Himmel erleichtert (V. 10), das für ein

Wechsel von der ägyptischen zur assyrischen Vorherrschaft über Juda steht. Die angefügte Zeitangabe, dass sich *Sonne und Mond* bereits *verfinstert* hätten, wurde hier als Merkmal der schwindenden Macht Ägyptens uminterpretiert. Das Jehova selbst seine Stimme erhebt (V. 11) und vor seinem Heer erschallen lässt, weist auf eine uns bekannte Plage vor Jerusalem hin (V. 1), bei der 185000 assyrische Soldaten umkamen. Mit dieser, seinen Zeitgenossen bekannten Erfahrung macht Joel lebendig, dass der ausführende Engel sehr mächtig ist und schließt dann wieder an den furchteinflößenden Tag Jehovas an.

V. 1 nennt Zion, wobei der Ort auch aus dem Tempel (Joel 1,9) und den Opfern geschlossen werden konnte. In der Hauptstadt Judas herrscht Alarmstimmung, wenn der Tag Jehovas näherkommt. Der V. 2a umschreibt die Stimmung dieses Tages, während V. 2b-9 eine konkrete Beschreibung liefert, die mit der Heuschreckenplage in Kapitel 1 assoziiert. Wie Heuschrecken alles erklimmen und zerstören, so ist diese Armee organisiert, Städte schnell einzunehmen (Siehe Nah 2,4-6). Dafür waren besonders die Assyrer bekannt, die mit Mauerbrechern und über Sturmdächer in die Städte eindrangen. V. 2b stellt dieses Volk als eine unvergleichliche Erscheinung da, die auch so nicht wieder kommen würde. Assyrien hatte sogar Ägyptens Hauptstadt Theben erobert, doch verschwand es mit Ninives Sturz als Weltmacht am Ende von sieben Mondzeiten (vgl. V. 10). Von Generation zu Generation oder „bis in fernste Geschlechter" *(Wolff)* könnte auch auf das Ende des zweiten Siebeners hindeuten. Würde es bis dahin nichts Vergleichbares geben? Die Babylonier waren, obwohl sie mit Heuschrecken verglichen wurden, im Grunde nur Nachahmer. Es ist berechtigt anzunehmen, dass Joel bereits bekanntes apokalyptisches Gut (Jes 13) mit Assyrien verband und die anstehenden babylonischen Aggressionen als gleicher Herkunft befand. Das würde erklären, wie die beschriebene Sonderstellung dieses Volkes in diesen Kontext geraten konnte. Der V. 3a scheint dies zu bestätigen, wenn sein Kommen in Feuer und Flamme doch wohl eher auf die Apokalypse in Hab 3,5 anklingt, wo eine andere Person und eine andere Situation vorherrschen, die erst 2020 weltweit auftrat! Auch die Erklärung mit dem Garten Eden in V. 3b wirkt konstruiert. Aufklären lassen sich der V. 2b-3b über die fernsten Generationen. Die bereits angesprochenen 7 Mondzeiten endeten 612 mit Ninives Untergang und die neubabylonische Dynastie füllte ab 605 das Vakuum als Weltmacht bis kurz vor Ende von 7 Sonnenzeiten auf.

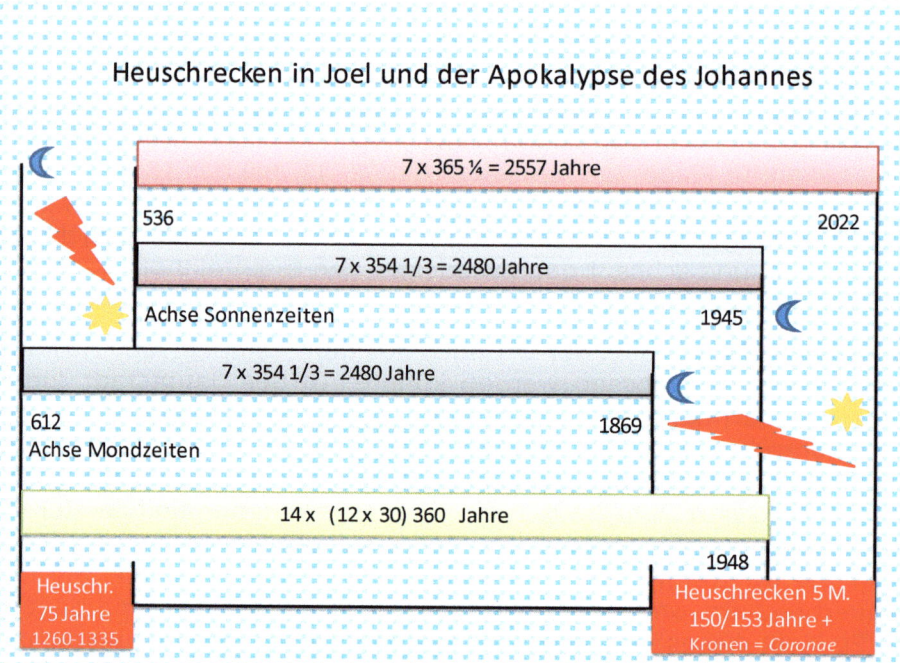

Heuschrecken in Joel und der Apokalypse des Johannes

7 x 365 ¼ = 2557 Jahre

536   2022

7 x 354 1/3 = 2480 Jahre

Achse Sonnenzeiten   1945

7 x 354 1/3 = 2480 Jahre

612   1869
Achse Mondzeiten

14 x (12 x 30) 360 Jahre

1948

Heuschr.
75 Jahre
1260-1335

Heuschrecken 5 M.
150/153 Jahre +
Kronen = *Coronae*

Diese Übergangszeit ist die Zeit der Heuschrecken des Joel und die Jahre ab 605 v. u. Z. auch die Zeit, in der Joel wirkte. Die Inhalte ab V. 2b sprechen über die *fernsten Generationen*, die jedoch erst am Ende des zweiten Sieveners in Mondzeiten 1869 hinter dem US-Bürgerkrieg begannen, und die bis zum Ende des zweiten Sieveners in Sonnenzeiten 2020/21 anhielten. Ziehen wir diese fernste Generation weiter in Betracht, bekommt die Formulierung in V. 3b einen Sinn: *Wie der Garten Eden ist das Land vor ihm, hinter ihm aber ist es eine öde Wüste und es wird nichts davon entrinnen.* Hier ist bereits der herbeigeführte Klimawandel im Blick! Der Vergleich mit Reitpferden in V. 4 begegnet in Apk 9,5 wieder, wo Heuschrecken (Apk 9,1-11) 5 Monate lang Qualen verursachen können, was die Dauer auf 150-153 Jahre begrenzt. Sie rennen unablässig und machen V. 5 Geräusche wie Kriegswagen oder wie ein verzehrendes Feuer und sie gehen nach ihrer Schlachtordnung vor. V. 6 Die Völker erleiden deshalb Qualen. V. 7-8 Ihre Zielstrebigkeit ist beispiellos (vgl. V. 2b). V. 9 Es sind Stürmer gegen die Städte, die Schutzmauern überwinden und die wie Diebe durch die Fenster eindringen.

V. 10 Da Joel die Völker Mesopotamiens seiner Zeit vor Augen hatte, nahm er auf vorauslaufende Ereignisse Bezug, wenn er von einem Beben der damaligen Himmel als einer Verfinsterung von Sonne und Mond und V. 11 von der mächtigen Stimme Jehovas vor seiner Streitmacht sprach, als über Nacht 185000 assyrische Soldaten umkamen (2Kö 19,32-37).

Erst nachdem Mondzeiten und Sonnenzeiten über dem neuen Babylon in XXL 2020/21 ausgelaufen sind, entfaltet sich der Tag Jehovas in seiner Größe.

Joels Heuschrecken gingen von Babylon aus und die Heuschrecken der Johannesapokalypse umfassen die Zeit eines Babylons in XXL (Apk 17f). In Apk 9,16f ist ein weiteres Heer von zwei Myriaden mal Myriaden Reitern im Anmarsch.

Joel 2,12-18

12 Doch auch jetzt gilt JHWHs Ausspruch: Kehrt um zu mir mit eurem ganzen Herzen und mit Fasten und mit Weinen und mit Klagen. **13** Und zerreißt eure Herzen und nicht eure Kleider, und kehrt um zu JHWH, eurem Gott, denn er ist gnädig und barmherzig, langsam zum Zorn und überströmend an liebender Güte, und er bedauert das Unheil. **14** Vielleicht bedauert er es noch einmal, Segen zurücklassend, ein Getreideopfer und ein Trankopfer für JHWH, euren Gott?

15 Blast das Horn in Zion. Heiligt eine Zeit des Fastens. Beruft eine feierliche Versammlung ein. **16** Versammelt das Volk. Heiligt eine Versammlung. Bringt die alten Männer zusammen. Versammelt die Kinder, auch die noch an der Brust sind. Der Bräutigam gehe aus seiner Kammer und die Braut aus ihrem Gemach.

17 Zwischen der Vorhalle und dem Altar sollen die Priester, die Diener JHWHs, weinen und sprechen: Hab Mitleid mit deinem Volk, JHWH, und übergebe dein Erbteil nicht der Schmach, sodass Nationen über sie herrschen. Warum sollte man unter den Völkern sagen: ‚Wo ist ihr Gott?' **18** Damals eiferte JHWH für sein Land und empfand Mitleid mit seinem Volk.

12 Dtr 30,10; Hos 3,5; Zep 2,3 **13** Ex 34,6; Jona 4,2; Jer 18,7-10; 26,3f; Am 7,3.6 **14** Jona 3,9; Zep 2,3; Am 5,15 **15** Joel 2,1 **16** Joel 1,14 **17** Hes 8,16; Mat 23,35

V. 12-18 Nach dem die aktuelle Bedrohungslage mit dem Tag Jehovas in Verbindung gebracht wurde (V. 1-11), wird jetzt zur Umkehr aufgerufen (V. 12-14), unterstützt durch Maßnahmen und Gebete.

In V. 12 ruft Joel zur Umkehr auf, was bis in die Antwort von V. 19f hineinwirkt, weil eine nicht unterbrochene Rede Gottes ab V. 19 eine fernere Zukunft anspricht, in der Gott seine Antwort geben wird am Tag Jehovas (V. 20d.31b). Eine Umkehr durch fasten, weinen und klagen zum Ausdruck zu bringen, war eine übliche, dieser Situation gerecht werdende Verhaltensweise, aber V. 13a betont bereits, dass das zerreißen der Kleider durch das zerreißen der Herzen ersetzt werden sollte. V. 13b.14 Umkehr könnte zum Bedauern Gottes führen, der dann Segen zurücklässt. V. 15-16 Die Versammlung muss einberufen werden, ein Fastentag, der alle betrifft. V. 17 Die Priester im Tempel sollen Jehova anrufen und ihn mitleidig stimmen. V. 18 kann Teil des Gebets^{LXX} in V. 17 oder Neuansatz^{MT} für V. 19 sein.

19 Und JHWH erhörte sie und sprach zu seinem Volk: Siehe, ich sende euch Korn, Wein und Öl, und ihr werdet euch davon sättigen, und ich übergebe euch nicht mehr der Schmach unter den Völkern. **20** Den Nordischen werde ich von euch vertreiben, und ich werde ihn tatsächlich in ein trockenes und ödes Land versprengen, mit dem Gesicht zum östlichen Meer und dem Hintern zum westlichen Meer. Und sein Gestank wird aufsteigen, und die Verwesung von ihm wird aufsteigen, denn ER wird tatsächlich Großes tun.

19 Joel 1,10.16; 2,17 **20** vgl. Hes 47,18.20; Sach 14,8

V. 19-20 Die Antwort beschreibt die Wiederherstellung der Versorgung, die Wegnahme von der Schmach unter den Nationen und die Entwicklung des Nordischen als ein noch zukünftiges Bild.

In V. 19 geht das Wort Jehovas in Offenbarungswissen über. Dem Volk werden Erneuerungen in Aussicht gestellt, auch wenn der bittenden Generation selbst das Exil bevorsteht. Eingeführt werden (V. 19b) die Versorgung und die Rehabilitierung, (V. 20) die Entfernung des Nordischen mit Einzelheiten, (V. 22) die Wiederherstellung der Natur, (V. 23) die Rückkehr des Regens, (V. 24) wieder aufgefüllte Nahrungsmittelvorräte, (V. 25) und ein Ersatz für den Verlust durch die Heuschrecken. Sie werden satt und preisen Jehova, weil er handelt und die Schmach nicht für immer bestehen lässt (V. 26), sondern in der Mitte Israels ist (V. 27). Hinzu kommt der Geist zum Prophezeien (V. 28) und Visionen sehen (V. 29), Wunder im Himmel und Blut, Feuer und Rauchpilze auf der Erde (V. 30), denn wer den Namen Jehovas anruft, wird gerettet werden und die, die er beruft (V. 32), wenn die Sonnenzeiten in Finsternis verwandelt werden und der Mond in Blut vor dem Kommen des großen und furchteinflößenden Tages Jehovas (V. 31). V. 20 Der Niedergang des Nordischen wird mit einer Verödung im Land zwischen dem östlichen- und dem westlichen Meer beschrieben. Nabonid, letzter König des neubabylonischen Reiches, war assyrischer Herkunft und dehnte seinen Einfluss vom Persischen Golf (östliches Meer) zum Roten Meer (westliches Meer) hin aus, um die Handelswege zu kontrollieren. Er verbrachte 10 Jahre in Teima und machte sich durch seine religiösen Reformen zugunsten des Mondgottes Sin unbeliebt. Motiv, Identität, Standort und Entwicklung des Nordischen sind so leicht aufzuklären!

Joel 2,21-27

21 Fürchte dich nicht, Erdboden. Frohlocke und freue dich, denn JHWH wird tatsächlich Großes tun. **22** Fürchtet euch nicht, ihr Tiere des Feldes, denn die Weidegründe der Wildnis werden ergrünen. Denn der Baum wird tatsächlich seine Frucht geben. Der Feigenbaum und der Weinstock sollen ihren Ertrag geben. **23** Und ihr, Söhne Zions, frohlockt und freut euch in JHWH, eurem Gott, denn er wird euch ganz bestimmt den Herbstregen in rechtem Maß geben, und er wird einen Regenguss auf euch herabsenden, Herbstregen und Frühlingsregen im ersten Monat. **24** Und die Vorräume sollen voll werden von Getreide und die Kelterkufen sollen überfließen von Wein und Öl. **25** Und ich will euch Ersatz leisten für die Jahre, die die Heuschrecke, die flügellose Kriechheuschrecke und der Vertilger und die Raupe gefressen haben, meine große Streitmacht, die ich unter euch gesandt habe. **26** Und ihr werdet euch satt essen und den Namen JHWHs, eures Gottes, preisen, weil er wunderbar mit euch gehandelt hat [und mein Volk wird nicht für immer Schaden haben.] **27** Und ihr werdet erkennen müssen, dass ich mitten in Israel bin und dass ich JHWH bin, euer Gott, und sonst niemand. Und mein Volk wird nicht für immer Schaden haben.

21 Joel 1,10 **22** Joel 1,12.18-20 **23** Joel 1,5.10-16; Am 4,7 **24** Joel 1,5.17 **25** Joel 1,4; Mal 3,11 **26** Ps 22,26; Jes 49,23 **27** Hes 6,13; Zep 3,17; Hos 11,9; Mi 3,11

V. 21-27 beschreibt die große Tat der Wiederherstellung der Natur, die Rückkehr des Regens, wieder aufgefüllte Nahrungsmittelvorräte und einen Ersatz für den Verlust durch die Heuschrecken.

V. 21 Die Worte der Wiederherstellung gilt dem Boden (V. 27) Israels, weil Gott für sein Land eifert (V. 18), und dafür Großes tun wird. Die Worte in V. 22 sind an die leidenden Tiere gerichtet, und sind als Antwort auf den beklagenswerten Zustand in Joel 1,18-20 zu verstehen. Der V. 23 spricht nun die Söhne Zions an, die wieder Grund zur Freude haben, da Früh- und Spätregen wieder einsetzen, und V. 24 die Scheunen wieder voll Getreide, Wein und Öl werden. V. 25 Der Ersatz für die Zeit der Heuschrecken wird geleistet werden, wenn Israel wieder auf seinen Boden zurückgekommen ist. V. 26-27 Sie werden satt und preisen Jehova, weil er handelt und die Schmach nicht für immer bestehen lässt, sondern in ihrer Mitte ist.

28 Danach soll es geschehen, dass ich meinen Geist auf Fleisch von jeder Art ausgieße, und eure Söhne und eure Töchter werden prophezeien. Eure alten Männer werden Träume haben, eure jungen Männer werden Visionen sehen. **29** Sogar auf die Knechte und auf die Mägde werde ich in jenen Tagen meinen Geist ausgießen.

30 Und ich will ein Wahrzeichen geben in den Himmeln und auf der Erde, Blut und Feuer und Rauchpilze. **31** Die Sonne wird in Finsternis verwandelt und der Mond in Blut vor dem Kommen des großen und furchteinflößenden Tages JHWHs. **32** Und es soll geschehen, dass jeder, der den Namen JHWHs anruft, sicher davonkommen wird, denn auf dem Berg Zion und in Jerusalem werden die Entronnenen sein, so wie JHWH gesprochen hat, und unter den Überlebenden, die JHWH beruft.

28 Hes 39,29; Num 11,29; 12,6; Jes 11,2; Jer 31,33; Hes 11,19; 36,27; Sach 12,10; Apg 2,17 **29** Jer 34,8f; Apg 2,18 **30** Dtr 6,22; Jer 32,20; Ex 7,3; Joel 2,3.6; Apg 2,19; Apk 9,2 **31** Joel 2,10; 4,15; Jes 13,10; Mt 24,29; Mk 13,24-25; Lk 21,25; Apg 2,20; Apk 6,12f; syrDan 14.15.16.19.20; ApkEl 39,15; Zep 1,14; Mal 4,5 **32** Apg 2,21; Rö 10,13; Ps 50,15; Jes 46,13; Ob 17; Jes 11,11; Mi 4,7; syrApkBar 40,2-3

Die in V. 28-29 angesprochene Massenvergabe des Geistes auf Menschen wird von Petrus in Apg 2,16-21 als gerade erlebt zitiert. Sie wurde Geräuschvoll und visuell von vielen in Jerusalem wahrgenommen und wirkte in den kommunikativen Bereich sprachübergreifend ein, sodass fremdsprachige Teilnehmer am Pfingstfest Galiläer in ihrer eigenen Sprache hören konnten (Apg 2,1-12). Die Gabe der Voraussage durch Geist ist vorchristlich und Grundlage jeder Apokalypse (Offenbarung). In christlicher Zeit kamen weitere Apokalypsen dazu. Erst mit der Kirche als römische Staatsreligion verschwanden diese Verschriftungen aus den Verzeichnissen der Versammlungen. V. 30 Dieses ungewöhnlichen Zeichen für den Himmel sollte als Signal auf der Erde von einem Krieg mit Rauchpilzen begleitet sein. Der V. 31 zeigt den Mond in Blut, wodurch eine zeitliche Erfassung bis zum Ablauf der sieben Mondzeiten 1945 möglich ist. Auch die Sonne wird verfinstert, was bedeutet, dass der Tag Jehovas erst nach den sieben Sonnenzeiten 2020/21 kommen kann. In diesen dunklen Zeiten soll V. 32 jeder, der den Namen Jehovas anruft, beschützt werden und Jerusalem soll dabei eine zentrale Stellung zukommen.

Ein Wahrzeichen in den Himmel setzen

Für die Jahre der Heuschrecke sollte ein Ersatz geleistet werden, der an gleicher Stelle im zweiten Siebener in Form des Staates Israel auftrat (Joel 2,25). Damit wurde ein Wahrzeichen in den Himmeln gegeben, d. h. eine neue Regierung (Joel 2,30a). Auf der Erde gab es Blut, Feuer und Rauchpilze, d. h. den 2. Weltkrieg (Joel 2,30b). Der Mond würde in Blut verwandelt, d. h. die 7 Mondzeiten endeten im 2. Weltkrieg 1945 (Joel 2,31b). Vor dem Kommen des großen Tages Jehovas (Joel 2,31c) würde auch die Sonne in Finsternis verwandelt werden, d. h. die 7 Sonnenzeiten wären dann ebenfalls abgelaufen (Joel 2,31a).

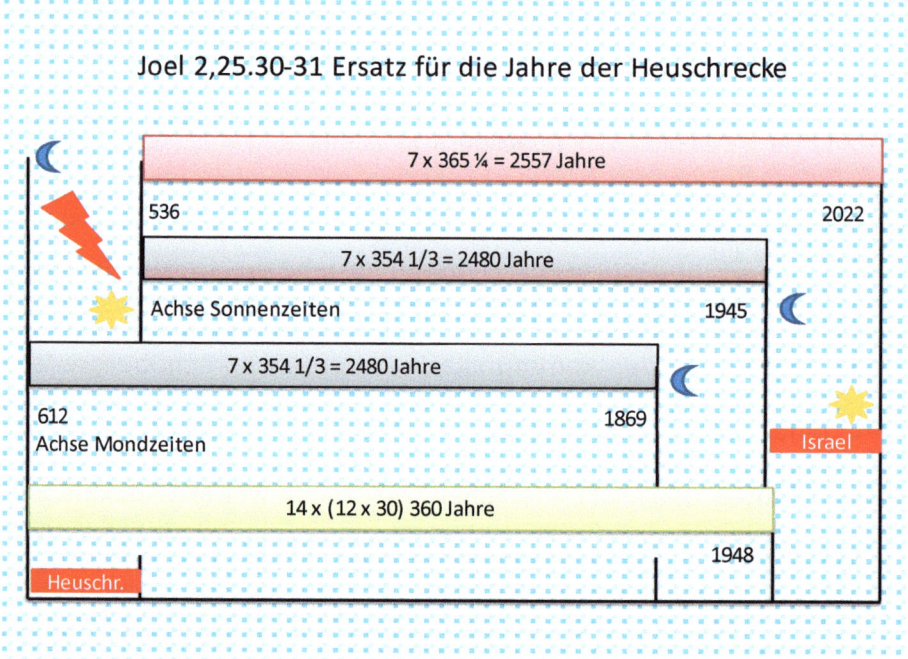

Joel 2,25.30-31 Ersatz für die Jahre der Heuschrecke

1 Denn passt auf: In jenen Tagen und zu jener Zeit, wenn ich die Gefangenen Judas und Jerusalems zurückführe, **2** will ich auch alle Nationen sammeln und sie zur Tiefebene Josaphat hinabführen, und ich will dort mit ihnen rechten wegen meines Volkes und meines Erbteils Israel, weil sie es unter die Nationen zerstreut und mein Land verteilt haben. **3** Und über mein Volk warfen sie ständig Lose und sie gaben Jungen um eine Prostituierte, und Mädchen verkauften sie gegen Wein, damit sie trinken konnten.

4 Was wollt ihr von mir, Tyrus und Sidon und alle Philistergaue? Wollt ihr an mir Vergeltung üben? Wollt ihr mir etwas antun? Sehr schnell lasse ich eure Behandlung auf euer Haupt zurückfallen. **5** Weil ihr mein Silber und mein Gold genommen und ihr meine begehrenswerten Dinge in eure Tempel gebracht habt **6** und ihr die Söhne Judas und die Söhne Jerusalems an die Söhne der Griechen verkauft habt, um sie von ihrer Heimat zu entfernen, **7** passt auf: ich lasse sie von dem Ort, wohin ihr sie verkauft habt, aufbrechen und ich will eure Behandlung auf euer Haupt zurückzahlen. **8** Und ich will eure Söhne und eure Töchter durch die Hand der Söhne Judas verkaufen, und sie sollen sie an Scheba verkaufen, einer fernen Nation, denn JHWH selbst hat geredet.

9 Ruft dies aus unter den Nationen: Heiligt Krieg! Weckt die Kämpfer auf! Lasst sie heranrücken! Lasst sie heraufkommen, alle Kriegsmänner! **10** Schmiedet eure Pflugscharen zu Schwertern und eure Winzermesser zu Lanzen. Was den Schwachen betrifft, er spreche: Ich bin ein starker Mann! **11** Eilt euch und kommt, all ihr Nationen ringsum, und tut euch zusammen.

An jenen Ort, JHWH, bringe deine Starken hinab.

12 Mögen die Nationen aufgeweckt werden und heraufkommen zur Tiefebene Josaphats, denn dort werde ich sitzen, um alle Nationen ringsum zu richten.

1 Joel 2,29; Jer 50,4.20; 33,15; Jes 7,18b u. ö.; Sach 12,3 u. ö.; Zep 3,20; Hes 39,25 **2** Joel 3,9.11.12; Zep 3,8; Hes 22,19f; Hos 8,10; 9,6; Tal Josaphats vgl. 2Chr 20; Hos 9,3 **3** Ob 11; Nah 3,10 **4** Jos 13,2; Ob 15; Ps 7,16 **5** Hag 2,8 **6** Gen 10,2.4 **7-8** 1Kö 10,2; Jes 22,25 u. ö.; Ob 18 **9** Jer 6,4 **10** vgl. Jes 2,4; Mi 4,3; Sach 12,8 **11** Hab 3,3 **12** Joel 3,2; 1Sam 3,13

In V. 1-8 werden die Gründe für ein Gericht aller umliegenden Nationen an einem dafür bestimmten Ort eingeführt, das sich in V. 9-21 weiter entfaltet. In den V. 4-8 wurden diesbezüglich drei Bezeichnungen für die bestimmten Städte und Gebiete um Israel eingefügt.

In V. 1-2 wird ein mit der Rückkehr Judas verbundenes Gericht an den umliegenden Nationen angesagt, weil sie Israel unter die Nationen zerstreuten, das Land verteilten V. 3 und sie als Sklaven verkauften. V. 4 Auch die Bewohner von Tyrus, Sidon und alle Philistergaue werden angesprochen, und ihnen V. 5 werden der Raub von Silber und Gold und V. 6 der Verkauf der Nachkommen Judas an die Griechen vorgeworfen. V. 7-8 Diese würden deshalb von jenem Ort aus aufbrechen und deren Nachkommen an die Sabäer verkaufen. Hier wird die Rückkehr Israels und deren Konfrontation mit den umliegenden Nationen angesprochen. V. 9 Unter den Nationen würde zu einem heiligen Krieg gegen Israel aufgerufen werden. Die Aufforderungen „erweckt doch, lasst anrücken, kommt doch rauf", wirken provokant. Schließlich wird dafür in V. 10 ein Bild entworfen, das in seiner Umkehr (von Jes 2,4; Mi 4,3) dem Frieden völlig abkehrt ist! Bei dieser Entwicklung würden selbst die Befürchtungen des Schwachen erlöschen. V. 11a Die Nationen ringsum werden zur Beteiligung gegen Israel aufgefordert. Die eingeschobene Bitte in V. 11b erinnert dem Sinne nach wieder an Hab 3,3. Das Herabsteigen eines Heiligen oder Starken war Joel als Vorstellung bereits bekannt. In V. 12 wird die einleitende Absicht (V. 2) zur Konfrontation wiederholt, die eine Umkehrsituation zur Enteignung und Vertreibung Israels darstellt.

Joel 3,13-21 [4,13-21]

13 Legt die Sichel an, denn die Ernte ist reif. Kommt, steigt herab, denn die Weinkelter ist voll. Die Kelterkufen fließen über, denn ihre Schlechtigkeit ist ausnehmend groß geworden. **14** Mengen, Mengen sind in der Tiefebene der Entscheidung, denn nahe ist der Tag JHWHs in der Tiefebene der Entscheidung. **15** Sonne und Mond, sie werden sich verfinstern, und die Sterne werden ihren Glanz zurückziehen. **16** Und JHWH wird aus Zion brüllen, und aus Jerusalem wird seine Stimme erschallen. Und Himmel und Erde werden erbeben, aber JHWH wird eine Zuflucht sein für sein Volk und eine Festung für die Söhne Israels. **17** Und ihr werdet erkennen müssen, dass ich JHWH bin, euer Gott, der ich auf Zion, meinem heiligen Berg, weile. Und Jerusalem soll eine heilige Stätte werden, und Fremde werden es nicht mehr durchziehen. **18** Und es soll geschehen an jenem Tag, dass die Berge von süßem Wein triefen werden und die Hügel werden von Milch fließen und alle Flussbetten Judas werden von Wasser fließen. Und ein Quell wird vom Haus JHWHs ausgehen, und er soll das Akazien-Wildbachtal bewässern. **19** Ägypten wird eine wüste Einöde und Edom wird zur Wildnis einer wüsten Einöde wegen der Gewalttat an den Söhnen Judas, in deren Land sie unschuldiges Blut vergossen. **20** Juda wird auf unabsehbare Zeit bewohnt werden und Jerusalem Generation um Generation. **21** Und ich will ihr Blut, das ich nicht für schuldlos erachtet hatte, als schuldlos erachten, und JHWH wird in Zion weilen."

13 Mi 4,13; Jes 63,1-6 **14** 1Kö 20,13.28 **15** Joel 2,10 **16** Am 1,2; Jer 25,30 **17** Jes 8,18; Ob 16; Jes 52,1; Nah 2,1; Sach 14,21 **18** Hes 47,1-12; Sach 14,8 **19** Ex 11,5; Ob 10; **20** Sach 12,6; Jer 17,25

V. 13 Die Sichel zur Ernte und das treten der Weinkelter als Bild für das Gericht wird bis in die Offenbarung des Johannes hinein verarbeitet (Apk 14,14-20). Der Rahmen der Beteiligten Völker umfasst nach V. 2 „alle Nationen, d. h. „die umliegenden Nationen" (V. 12) und im Besonderen Tyrus, Sydon und alle Philistergaue (V. 4), wobei die Griechen (V. 6) und Scheba als eine fernere Nation genannt werden (V. 8). V. 14 Der Gerichtsort der Küstenvölker Palästinas ist die „Tiefebene der Entscheidung", die in V. 2 und V. 12 Tiefebene Josaphats genannt wird. Der Tag Jehovas ist damit nahe. Der V. 15 kann als Zeitangabe oder Hoheitsangabe verstanden werden. Der

Zeit nach sind die Mondzeiten und die Sonnenzeiten bereits ausgelaufen und auch die Sternzeiten sind schon verblasst. Diese Angabe passt zunächst auf die Rückkehrsituation Judas 521 v. u. Z., die den 7 Sonnenzeiten um 14 Jahren nachgelagert war.

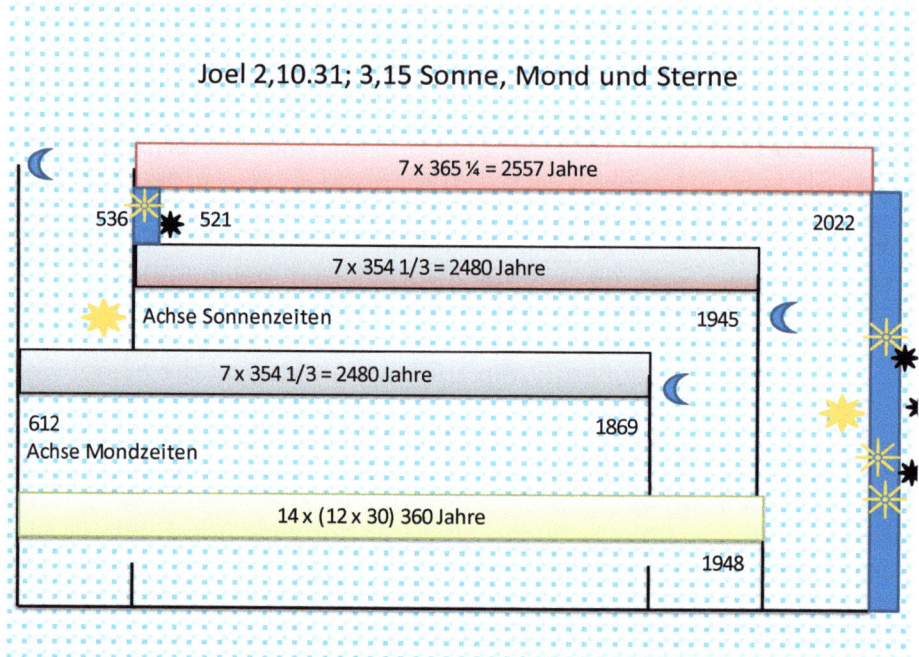

Joel 2,10.31; 3,15 Sonne, Mond und Sterne

Im zweiten Siebener ist auf die Staatsgründung Israels 1947 nach 7 Mondzeiten und deren Bestand (Joel 2,25) bis hinter die 7 Sonnenzeiten 2021 zu verweisen. Die Sternzeiten reichen noch über die Sonnenzeiten hinaus, und wenn gesagt wird, dass die Sterne ihren Glanz zurückziehen (Joel 3,15), ist das zum Ende dieser Zeiten.

Versteht man Sonne, Mond und Sterne hier als Hoheitsangaben, verlieren Ägypten, der Irak und die umliegenden Völker gegenüber Israel an Macht (vgl. Joel 2,10). V. 16 Jehova brüllt von Zion und Jerusalem aus, sodass Himmel und Erde erbeben, wie das gegen Sanherib und seine Streitkräfte der Fall war (Joel 2,10-11). Jerusalem blieb dabei als Zufluchtsort erhalten. Der V. 17 nennt die vor allem aus Hesekiel bekannte Formulierung des „erkennen müssen, dass ich Jehova bin", wobei sein Volk direkt angesprochen, d. h. eine Ermahnung zur Heiligkeit. Fremde würden nicht mehr hindurchziehen. Der V. 18 beschreibt fruchtbares Land von Wein und Milch, wobei das Wasser überall fließen würde, und eine Quelle vom Tempel aus das Wildbachtal bewässern würde. V. 19 Ägypten würde zu einer Wildnis werden und Edom ebenso wegen der Gewalttat an Juda. V. 20 Demgegenüber würde Jerusalem bewohnt bleiben. V. 21 Sie werden für Schuldlos erklärt, wenn Jehova in Zion weilt.

Einleitung zu Amos

Das Amos-Buch ist an dritter Stelle im Zwölfprophetenbuch und ihm folgt in der hebräischen Bibel Obadja. In christlichen Handschriften fügt sich Amos an zweiter Stelle hinter Hosea und vor Micha ein, dem dann Joel und Obadja folgen. Im Nahal-Hever (8HevXII*gr*) fehlt Amos leider. Der Text der Septuaginta (LXX) „hat eine hebr. Vorlage zur Verfügung gehabt, die im Konsonantenbestand weitgehend mit der masoretischen Fassung identisch war".[15]

Der Aufbau gegliedert sich in Worte

an die Völker,	Kap. 1-2
an Israel	Kap. 3-6
und die Visionen Amos	Kap. 7-9

Amos war ursprünglich ein Scharfhirte von Tekoa in Juda (Am 1,1). Er bezeichnet sich selbst auch als Züchter von Maulbeerenbäumen (Am 7,14). Amos wirkte zurzeit Jerobeams II. von Israel (Am 7,10) und Usias von Juda. Israel war unter Jerobeam auf seinem politischen Höhepunkt angelangt, da es sein Gebiet während einem schwächelnden Assyrien bis an die Grenzen der Zeit Davids ausdehnen konnte. In diesem Wohlstand nehmen aber auch der Abfall von Jehova und soziale Ungerechtigkeiten in Israel zu.[16]

Die Ausrichtung des Kommentars setzt eine intakte Kommunikation zwischen Gott und seinem Propheten voraus. Es werden jedoch auch zahlreiche spätere Zusätze vermutet und sichtbar gemacht. In den zeitlichen Gesichtspunkten folgt er der neuen biblischen Chronologie [NBC].

---

[15] Septuaginta Deutsch - Erläuterungen und Kommentare (2011) *E. G. Dafni & A. Schart* S. 2339
[16] Zu den politischen Machtverhältnissen und den sozialen Umbrüchen, vgl. *Hans Walter Wolff* Joel und Amos BKAT XIV,2 Seite 105f

1 Worte des Amos, der zu den Schafzüchtern aus Tekoa gehört, der Visionen über Israel schaute zurzeit Usijas, König von Juda, und zurzeit Jerobeams, Joas Sohn, König von Israel, zwei Jahre vor dem Erdbeben. **2** Und er sagte:

JHWH — aus Zion wird er brüllen und aus Jerusalem donnern, dass die Auen der Hirten trauern und das Haupt des Karmel verdorrt.

1 Jer 1,1; Mi 1,1; Hab 1,1; Am 2,13; 7,14 **2** Joel 3,16; Jes 31,4; Jer 25,30; Am 3,4; Mi 1,3f; Nah 1,4; Hab 3,3.10

V. 1 leitet das Buch als Worte des Amos ein, der auch Visionen (Am 7-9) über Israel schaute. Die Worte hat er zuvor gehört (V. 3 u. ö.) und aufgezeichnet, doch die Visionen zwei Jahre vor dem Erdbeben erlebt, aber erst nach der Verkündung (Am 7,1.4.7; 8,1) aufgezeichnet, was durch seine eingeflossenen Erlebnisse mit Amazja belegt werden kann (Am 7,12-16). Ein Rückblick auf seine relativ kurze Aktivität in Israel wird auch am Abstand von zwei Jahren deutlich.

Sogleich setzt die eigentliche Verkündigung des Amos ein. V. 2 Jehova brüllt aus Zion, was an einen Löwen (Am 3,4) denken lässt. Im Parallelismus geht von Jerusalem Jehovas donnern aus, d. h. von dort geht seine laute Stimme, bzw. sein Brüllen aus, die in allen Tälern (den Weidegründen der Hirten) und bis in die Berggipfel (dem Haupt des Karmel) wahrgenommen werden kann (Siehe Kommentar zu Nah 1,4). Die Auswirkungen für die Landschaft sind erschütternd, denn das Trauern bezeichnet einen Niedergang. In Joel 3,16, der engsten Parallele zu Amos 1,2, folgt der gleichen Aussage ein Beben von Himmel und Erde, dem wiedergekehrten Israel (siehe Kommentar Joel 3,15). Da die Zeit der Abfassung vom Buch Joel nicht sicher geklärt werden kann (siehe Vorwort zu Joel), nehmen viele Gelehrte in Joel 3,16a ein Zitat von Amos 1,2 an. Dessen ungeachtet beraubt das dieser apokalyptischen Aussage nicht der Kraft, da diese keine rückblickende Geschichtsschreibung darstellt, sondern zukunftsorientiertes Handeln Gottes ankündigt. Wenn Jehova ein Wort gibt, sind alle Propheten um die Weitergabe bemüht. Es ist damit zu rechnen, dass in Amos 1,2 c/o Joel 3,16 eine Situation abgebildet ist, die erst in den letzten 85 Jahre unserer Zeit seine Konturen bekam!

Amos, Kapitel 1 und 2 und die Zahlenkette von 1 bis 4

Die Mitteilungen sind an ein markantes Muster gebunden. Drei nicht bezeichnete Vergehen folgt ein viertes Vergehen, das näher bezeichnet wird. Dann der Urteilsspruch. Die drei nicht bezeichneten Vergehen können nicht als stilistische Floskel abgetan werden. Sie besitzen eine Funktion! Doch welche?

Hier sind tatsächlich kollektive Vergehen angesprochen, die kollektiv abgerechnet werden! Drei Vergehen von x werden wegen dem vierten für ihn wirksam! Die Vier bezeichnet sein Vergehen, was ihn zum Mittäter in einem Kollektiv von vier Parteien werden lässt!

Damaskus, Gasa, Tyrus, Edom, Ammon, Moab, Juda und Israel werden Vergehen zur Last gelegt, bilden jedoch zusammen keine Vier. Wie kann das aufgeklärt werden? Wenn Jehova von Zion aus brüllt (Am 1,2), ist da nicht Juda als Ziel für sein Gericht (Am 2,4.5) auszuschließen? Diese Verse sind erst später zugewachsen! Ebenso verhält es sich mit Tyrus (Am 1,9.10), dass stets gute Beziehungen zu Israel und Juda unterhielt (2Sam 5,11; 1Kö 5,15ff; 16,31). Edom will auch nicht recht passen (Am 1,11.12). Diese sind dem ursprünglichen Worten an Amos von späterer Hand zugewachsen.[17] Sie rekrutieren auf die starre Eingangsformel, sprengen damit aber gleichzeitig den festgesetzten Rahmen.

„Von den vier bisher behandelten streng gleichförmig gebauten Fremdvölkerworten (1,3-5.6-8.13-15; 2,1-3) heben sich unter rein formalen Kriterien die Tyrus- (1,9-10), die Edom- (1,11-12) und die Juda-strophe (2,4-5) ab. Nur das erste Element der einheitlichen Botenspruchformel und das 2. der allgemein begründeten Ankündigung der Unwiderruflichkeit kehren gleichlautend wieder."[18]

Bei Moab sind die Gründe für eine Verurteilung auffällig. Die Verbrennung der Gebeine eines Königs von Edom zu Kalk richtet sich nicht im Geringsten gegen Juda! Moab war eher den Söhnen Ammons angegliedert (Zep 2,4), vergleichbar wie im Philisterspruch (Am 1,8), oder aber zugewachsen, wie Tyrus, Edom und Juda.

---

[17] *Artur Weiser* ATD Das Buch der zwölf kleinen Propheten I, Seite 131-143; *Jörg Jeremias* ATD Der Prophet Amos (1985), Seite 1-29
[18] *Hans Walter Wolff* BKAT XIV, Dodekapropheton 2 Joel und Amos (1975); Seite 170f (Amos 1-2: Seite 145-211)

Der Urteilsspruch für Ammons Söhne klingt mit einem „Rufen am Tag der Schlacht, mit einem Brausen am Tag des Sturmes" aus (Am 1,14b), was metaphorisch den Ausklang für Moab gleicht: „mit Lärm soll Moab sterben, mit Rufen und mit Hörnerschall" (Am 2,2b). Das kann verschiedene Gründe haben:

1) Ammon und Moab wurden von Amos zusammen angeführt:

13 So hat JHWH gesprochen: Wegen drei Verbrechen Ammons und wegen vier nehme ich es nicht zurück, weil sie die Schwangeren von Gilead aufschlitzten, um ihr eigenes Gebiet zu erweitern. **14a** Ich zünde Feuer an Rabbas Mauern, das es ihre Paläste frisst [–] **2** Ich sende Feuer nach Moab, das die Paläste Kerijoths frisst, und mit Lärm soll Moab sterben, mit Rufen und mit Hörnerschall. **3** Ich rotte den Herrscher aus seiner Mitte aus, und töte seine Fürsten, hat JHWH gesagt.

2) Moab ist, wie Tyrus, Edom und Juda vollständig zugewachsen.

Dafür spricht die erste Beobachtung, dass der Grund für die Verurteilung an Gottes Volk vorbeigeht. Ähnlichkeiten beim Urteilsspruch können auf Ammon als Vorlage für Moab hinweisen.

3) Ammon ist, wie Tyrus, Edom und Juda vollständig zugewachsen.

In Jes 15,1f wird Moabs Niedergang bei Nacht mit ausführlichen Informationen über den Lärm der Katastrophe beschrieben. Das lässt Moabs Urteilsspruch im historischen Licht erscheinen (Am 2,2).

Der Streit um Gilead ist allerdings ebenso historisch (Am 1,13b)!

Wir benötigen eine Entscheidung, weil die „drei Vergehen von x und wegen vier [Vergehen] nehme ich es nicht zurück" auf vier Beteiligte hinweist, die mit ihren vier Vergehen in eine Kollektivschuld geraten sind, und deshalb einen Urteilsspruch auf sich ziehen. Eine Zahlenkette für Aufzählungen, ohne deren Inhalte mit anzugeben, ist den biblischen Schriften und auch den sonstigen Überlieferungen des Orients fremd.[19] Diese müsste sich in Amos 1-2 fünf bis acht Mal wiederholt haben! Ansätze, dass das letzte Verbrechen das Fass zum Überlaufen brachte, bilden keine Begründungen für das Fehlen der ersten drei Vergehen (vgl. Spr 30,21-23; Sir 26,5f).

Der Beobachtung in Am 2,2, dass die Urteilsbegründung in keinem Zusammenhang zu Juda steht, ist der Vorrang zu geben! Deshalb wird vorliegend auch Am 1,14b-2,1 in eckige Klammern gesetzt.

---

[19] ausführlich: *Hans Walter Wolff* BKAT XIV,2 Joel und Amos, Seite 166-169

Die vier Verbrechen, deren Strafen nicht zurückgenommen werden, gingen von Damaskus, Gaza & Co., Ammon & Moab und Israel aus.

Amos 1-2 und die Zahlenkette der vier Verbrechen

Damaskus	Gaza
3 So hat JHWH gesprochen ‚Wegen drei Verbrechen von Damaskus und wegen vier nehme ich es nicht zurück, weil sie Gilead droschen mit eisernem Dreschwerk **4** Ich sende Feuer in Hasaels Haus, das die Paläste Ben-Hadads frisst **5** Ich zerbreche den Riegel von Damaskus und rotte die Bewohner von Bikath-Awen aus, sowie den Zepterhalter von Beth-Eden, und die Syrer gehen nach Kir ins Exil, hat JHWH gesprochen	**6** So hat JHWH gesprochen ‚Wegen drei Verbrechen von Gasa und wegen vier nehme ich es nicht zurück, weil sie eine ganze Schar Gefangene mitnahmen, um sie an Edom auszuliefern **7** Ich sende Feuer gegen Gasas Mauern, das seine Paläste frisst **8** Ich rotte die Bewohner von Aschdod aus sowie den Zepterhalter von Askalon, und ich richte meine Hand gegen Ekron, dass der Rest der Philister umkommt', hat der Herr JHWH gesprochen
Ammon und Moab	Israel
13 So hat JHWH gesprochen ,Wegen drei Verbrechen Ammons und wegen vier nehme ich es nicht zurück, weil sie die Schwangeren von Gilead aufschlitzten, um ihr eigenes Gebiet zu erweitern. **14a** Ich zünde Feuer an Rabbas Mauern, das es ihre Paläste frisst [–] **2** Ich sende Feuer nach Moab, das die Paläste Kerijoths frisst, und mit Lärm soll Moab sterben, mit Rufen und mit Hörnerschall **3** Ich rotte den Herrscher aus seiner Mitte aus, und töte seine Fürsten, hat JHWH gesagt	**6** So hat JHWH gesprochen ‚Wegen drei Verbrechen von Israel und wegen vier werde ich es nicht abwenden, weil sie den Gerechten gegen Geld verkauften und einen Armen für ein Paar Sandalen **7** Sie zertreten das Haupt der Geringen, und den Weg Armer ändern sie. Ein Mann und dessen Vater gehen zu demselben Mädchen, um meinen heiligen Namen zu entweihen **8** Auf gepfändeten Kleidern strecken sie sich neben jedem Altar aus, und Wein von Bußgeldern trinken sie im Haus ihrer Götter'

3 So hat JHWH gesprochen: ‚Wegen drei Verbrechen von Damaskus und wegen vier nehme ich es nicht zurück, weil sie Gilead droschen mit eisernem Dreschwerk. **4** Ich sende Feuer in Hasaels Haus, das die Paläste Ben-Hadads frisst. **5** Ich zerbreche den Riegel von Damaskus und rotte die Bewohner von Bikath-Awen aus, sowie den Zepter Halter von Beth-Eden, und die Syrer gehen nach Kir ins Exil, hat JHWH gesprochen.‘

6 So hat JHWH gesprochen: ‚Wegen drei Verbrechen von Gasa und wegen vier nehme ich es nicht zurück, weil sie eine ganze Schar Gefangene mitnahmen, um sie an Edom auszuliefern. **7** Ich sende Feuer gegen Gasas Mauern, das seine Paläste frisst. **8** Ich rotte die Bewohner von Aschdod aus sowie den Zepter Halter von Askalon aus, und ich richte meine Hand gegen Ekron, dass der Rest der Philister umkommt‘, hat der Herr JHWH gesprochen.

3 Am 1,6; 1,9; 1,11; 1,13; 2,1; 2,4; 2,6; 2Kö 8,12; 10,33.34; 13,7 **4** Jer 49,27 **5** Jes 17,1; 2Kö 16,9 **6** Am 1,3; 1,9; 1,11; 1,13; 2,1; 2,4; 2,6; 6,2; 2Chr 21,17; Ob 11 **7** Jer 25,20; 47,1 **8** Jes 20,1; 22,6; Jer 47,5; Am 9,7; Zep 2,4

V. 3.6 Der Botenspruch wird von Amos wiederholt benutzt (auch ab Am 3,11 u. ö) und zeigt, dass ihm die Worte aufgetragen wurden. Dem folgt die Zahlenkette mit der Unwiderruflichkeitsankündigung, die eine Teilhaberschaft am Vergehen mit vier Parteien gegen Gottes Volk ausdrückt (Siehe [Amos, ... die Zahlenkette von 1 bis 4]).

V. 4 Die Urteilsbegründung für Damaskus lautet, es soll mit eisernem Dreschwerkzeug Gilead gedroschen haben. Mit Bildern aus der Landwirtschaft wird die Brutalität der Kriegsführung gegen Zivilisten veranschaulicht (2Kö 10,32f; 13,7). Diese zählt Amos unter die vier Verbrechen, die zur Verurteilung Syriens führen.

V. 5 Die Strafankündigung richtet sich gegen die Hauptstadt Damaskus, deren Riegel zerbrochen werden, was einen Verlust der eigenen Sicherheit und der Vorherrschaft einschließt. Die Bewohner von Bikath-Awen (Sündental) und der Herrscher von Beth-Eden (Lusthausen) werden ausgerottet, und die Syrer müssen nach Kir ins Exil, dahin zurück, wo sie ursprünglich herkamen (Am 9,7). Sie wurden 733 von den Assyrern ins Exil deportiert.

V. 5b.8b schließen jeweils mit einem Botenspruch ab.

V. 6b Die Urteilsbegründung für Gasa nennt deren Auslieferung von Gefangenen an Edom (2Chr 21,16.17). Den Menschenhandel zählt Amos zu den vier Verbrechen, die zur Verurteilung führen.

V. 7-8 Die Strafankündigung spricht vier der fünf Philister Städte an. An Gasas Mauern wird Feuer gelegt. Die Bewohner von Aschdod sowie der Herrscher von Askalon werden ausgerottet und Gottes Hand gegen Ekron tötet den Rest der Philister (Gath, siehe Am 6,2).

Die V. 3-8 werden durch Parallelen in Habakuk und Zephanja mit Geschehen der Gegenwart in Verbindung gebracht.

V. 5 In Syrien wurde im Zuge der „Arabellion" ab 2011 (Siehe: Hab 3 [Über die Apokalypse des Habakuk]) der Regierung ihre Position ohne Mitbestimmung durch das Volk streitig gemacht. Ihre Reaktion war ungewöhnlich hart und hat vielen Menschen das Leben gekostet und eine Flüchtlingswelle ausgelöst. Die Riegel von Damaskus drohen zerschlagen zu werden und können nur mit ausländischer Hilfe aus dem Norden weiterbestehen!

V. 7-8 Das Gericht gegen die Philister wird auch in Zep 2,4-7 behandelt (Siehe hierzu die Auslegung von Zep 2,4-7). Dieselben vier Städte erhalten dort ein Gericht, dass sich in der Gegenwart erfüllt.

Von Zephanja werden in Kapitel 2 vier Regierungen angesprochen: V. 4 Philister; V. 8 Moab & Ammon; V. 12 Äthiopien; V. 13 Assyrien. Nach den Philistern werden Moab und Amon zusammen angesprochen und verurteilt. Geographisch hatte im Norden Assyrien das Gebiet von Syrien geschluckt und im Süden wurde Ägypten von Äthiopien aus regiert. Die dort genannten Bilder treffen den Nerv unserer Zeit!

9 [So hat JHWH gesprochen: ‚Wegen drei Verbrechen von Tyrus und wegen vier nehme ich es nicht zurück, weil sie eine ganze Schar mitnahmen, um sie an Edom ausliefern, und nicht des Bundes der Brüder gedachten. **10** Ich sende Feuer gegen die Mauern von Tyrus, das es seine Paläste frisst.‘]

11 [So hat JHWH gesprochen: ‚Wegen drei Verbrechen von Edom und wegen vier nehme ich es nicht zurück, weil er seinem Bruder mit dem Schwert nachjagte und sein Mitleid erstickte, und weil sein Zorn für immer zerreißt und seine Wut anhielt. **12** Ich sende Feuer nach Teman, das es die Paläste von Bozra frisst.‘]

9 Am 1,3; 1,6; 1,11; 1,13; 2,1; 2,4; 2,6; Jes 23; Hes 26-28 **11** Am 1,3; 1,6; 1,9; 1,13; 2,1; 2,4; 2,6; Hes 35,5; Joel 4,19; Ob 10-14; Mal 1,2-5; Jer 49,7-22; Hes 35

V. 9a.11a Diese Botensprüche mit Zahlenkette und Unwiderruflichkeitsankündigung wurde von späterer Hand kopiert, um die Gerichte über Tyrus und Edom mit in die Amos Sprüche zu integrieren.

V. 9b Die Urteilsbegründung gleicht auffällig dem Spruch gegen die Philister (V. 6b), dem noch ein Bündnisbruch angehängt ist, der eher zu Moab passt. Die Handelswege von Tyrus führten über das Meer, was einen Menschenhandel mit Edom auszuschließen scheint.

V. 10.12 Die Strafankündigungen gleichen sich und Am 4.14a; 2,2a. Ein vom Muster abweichendes Merkmal ist die Kürze des Urteils.

V. 11b Die Urteilsbegründung passt erst auf eine spätere Zeit. Beim Untergang Jerusalems rächte sich Edom wegen früherer Angriffe Judas (Joel 4,19; Ob 10-14; Mal 1,2-5).

Amos 1,13-2,3

13 So hat JHWH gesprochen: ,Wegen drei Verbrechen Ammons und wegen vier nehme ich es nicht zurück, weil sie die Schwangeren von Gilead aufschlitzten, um ihr eigenes Gebiet zu erweitern. **14** Ich zünde Feuer an Rabbas Mauern, das es ihre Paläste frisst, [mit Rufen am Tag der Schlacht, mit einem Brausen am Tag des Sturmes. **15** Und ihr König soll ins Exil gehen mit seinen Fürsten', hat JHWH gesagt.]

1 [So hat JHWH gesprochen: ,Wegen drei Verbrechen von Moab und wegen vier nehme ich es nicht zurück, weil er die Gebeine des Königs von Edom zu Kalk verbrannte.] **2** Ich sende Feuer nach Moab, das die Paläste Kerijoths frisst, und mit Lärm soll Moab sterben, mit Rufen und mit Hörnerschall. **3** Ich rotte den Herrscher aus seiner Mitte aus, und töte seine Fürsten', hat JHWH gesagt.

13 Am 1,3; 1,6; 1,9; 1,11; 2,1; 2,4; 2,6; 2Kö 15,16; Jer 49,1-6; Zep 2,8-11 **1** Am 1,3; 1,6; 1,9; 1,11; 1,13; 2,4; 2,6; Jes 15; Jer 48; Zep 2,8-11

V. 13a Der Botenspruch wird von Amos wiederholt benutzt (auch ab Am 3,11 u. ö) und zeigt, dass ihm die Worte aufgetragen wurden. Dem folgt die Zahlenkette mit der Unwiderruflichkeitsankündigung, die eine Teilhaberschaft am Vergehen mit vier Parteien gegen Gottes Volk ausdrückt (Siehe [Amos, ... die Zahlenkette von 1 bis 4]).

V. 13b Die Urteilsbegründung zeigt die Verurteilung der systematischen Ausrottung (2Kö 15,16). Diese zählt Amos unter die vier Verbrechen, die zur Verurteilung Ammons führen.

V. 14 Der Urteilsspruch für Ammon, Feuer an seine Paläste, könnte ursprünglich direkt Am 2,2 gefolgt sein, sodass diese mit einem Botenspruch eingeführt wurden (vgl. Zep 2,8) Ein „Rufen am Tag der Schlacht, mit einem Brausen am Tag des Sturmes", klingt metaphorisch an Moab an: V. 2b „mit Lärm soll Moab sterben, mit Rufen und mit Hörnerschall" (Am 2,2b). Das Feuer in V. 2a gleicht dem in 14a.

V. 15/V. 3 Die Strafankündigungen richten sich gegen die Regierungen, wobei die hinzugefügte milder ausfällt, Abschluss Botenspruch.

V. 1a entfällt als Dopplung. Moab und Ammon bilden einer der vier Teilhaber am Vergehen gegen Gottes Volk! V. 1b Die Urteilsbegründung passt nicht gegen Gottes Volk und ist von späterer Hand.

4 [So hat JHWH gesprochen: ‚Wegen drei Verbrechen von Juda und wegen vier nehme ich es nicht zurück, weil sie das Gesetz JHWHs verwarfen und seine Gebote nicht hielten. Ihre Lügen ließen sie umherirren, denen ihre Vorväter nachgingen. **5** Ich sende Feuer nach Juda, das es die Paläste Jerusalems frisst.']

4 Am 1,3; 1,6; 1,9; 1,11; 1,13; 2,1; 2,6; 2Chr 36,14; Jes 5,24; 28,15 **5** Hos 8,14

V. 4a Dieser Botenspruch mit Zahlenkette und Unwiderruflichkeitsankündigung wurde erst von späterer Hand kopiert, um die Gerichte über Juda mit in die Amos Sprüche zu integrieren. Dies kann durch verschiedene Beobachtungen festgestellt werden (Siehe [Amos, … die Zahlenkette von 1 bis 4]). Ein weiterer Grund besteht im Standort Jerusalem (Am 1,2; 7,12), von wo die Fremdvölkervoraussagen ausgegangen sind.

Ganz neu ist die Aufklärung der Zahlenkette bis zum 4. Verbrechen, die nur im Kollektiv von vier schuldig gesprochenen Parteien auch vier Verbrechen benennt (Siehe [Die vier Verbrechen, damals und heute]). Dazu gehört, dass Ammon und Moab, wie zuvor die vier Philister Städte, als ein Täter verurteilt werden.

V. 4b Die Urteilsbegründung bleibt sehr allgemein und der Urteilsspruch in V. 5 ist ebenso kurz wie bei Tyrus und Edom (Am 1,9-12). Diese Gründe haben in der Forschung von Anfang an dazu geführt, in den Tyrus-, Edom- und Juda-Sprüchen spätere Nachträge zu sehen.

Die vier Verbrechen, damals und heute

Erst mit dem noch folgenden Worten gegen Israel wird deutlich, was es bedeutet, dass Jehova von Zion aus brüllt (Am 1,2)! Das Nordreich Israel geriet durch sein Verhalten mit Syrien, Phönizien und den Söhnen Ammons & Moabs in eine Kollektivschuld! Vorab kann schon einmal zusammengefasst werden, dass die drei Auflehnungen gegen Gott, und wegen der vierten Auflehnung, die Strafankündigung nicht abgewendet wird. Die Urteilsbegründungen lassen sich mit der Brutalität in der Kriegsführung (Am 1,4), dem organisierten Menschenhandel (Am 1,6), der systematischen Ausrottung (Am 1,13) und der sozialen Ungerechtigkeiten (Am 2,6-8) zusammenfassen. Diese werden in Amos als die vier Verbrechen gekennzeichnet, deren Gericht nicht zurückgenommen werden wird.

Amos 1-2 und die Zahlenkette der vier Verbrechen

Die Brutalität in der Kriegsführung	Der organisierte Menschenhandel
3 So hat JHWH gesprochen ,Wegen drei Verbrechen von Damaskus und wegen vier nehme ich es nicht zurück, weil sie Gilead droschen mit eisernem Dreschwerk. **4** Ich sende Feuer in Hasaels Haus, das die Paläste Ben-Hadads frisst. **5** Ich zerbreche den Riegel von Damaskus und rotte die Bewohner von Bikath-Awen aus, sowie den Zepterhalter von Beth-Eden, und die Syrer gehen nach Kir ins Exil, hat JHWH gesprochen'	**6** So hat JHWH gesprochen ,Wegen drei Verbrechen von Gaza und wegen vier nehme ich es nicht zurück, weil sie eine ganze Schar Gefangene mitnahmen, um sie an Edom auszuliefern **7** Ich sende Feuer gegen Gasas Mauern, das seine Paläste frisst. **8** Ich rotte die Bewohner von Aschdod aus sowie den Zepterhalter von Askalon aus, und ich richte meine Hand gegen Ekron, dass der Rest der Philister umkommt', hat der Herr JHWH gesprochen
Die systematische Ausrottung	Die sozialen Ungerechtigkeiten
13 So hat JHWH gesprochen ,Wegen drei Verbrechen Ammons und wegen vier nehme ich es nicht zurück, weil sie die Schwangeren von Gilead aufschlitzten, um ihr eigenes Gebiet zu erweitern. **14a** Ich zünde Feuer an Rabbas Mauern, das es ihre Paläste frisst [–] **2** Ich sende Feuer nach Moab, das die Paläste Kerijoths frisst, und mit Lärm soll Moab sterben, mit Rufen und mit Hörnerschall **3** Ich rotte den Herrscher aus seiner Mitte aus, und töte seine Fürsten, hat JHWH gesagt	**6** So hat JHWH gesprochen ,Wegen drei Verbrechen von Israel und wegen vier werde ich es nicht abwenden, weil sie den Gerechten gegen Geld verkaufen und einen Armen für ein Paar Sandalen **7** Sie zertreten das Haupt der Geringen, und den Weg Armer ändern sie. Ein Mann und dessen Vater gehen zu demselben Mädchen, um meinen heiligen Namen zu entweihen **8** Auf gepfändeten Kleidern strecken sie sich neben jedem Altar aus, und Wein von Bußgeldern trinken sie im Haus ihrer Götter'

Unbestreitbar besteht eine Affinität zwischen den Problemen damals und den Problemen heute! Es sind Voraussage für unsere Zeit. Die Betrachtung wird deshalb den Blick für die Gegenwart offenhalten!

6 So hat JHWH gesprochen: ‚Wegen drei Verbrechen von Israel und wegen vier werde ich es nicht abwenden, weil sie den Gerechten gegen Geld verkauften und einen Armen für ein Paar Sandalen. **7** Sie zertreten das Haupt der Geringen, und den Weg Armer ändern sie. Ein Mann und dessen Vater gehen zu demselben Mädchen, um meinen heiligen Namen zu entweihen. **8** Auf gepfändeten Kleidern strecken sie sich neben jedem Altar aus, und Wein von Bußgeldern trinken sie im Haus ihrer Götter.'

6 Am 1,3; 1,6; 1,9; 1,11; 1,13; 2,1; 2,4; Hos 4,1; Joel 3,3; Am 5,11; 8,6 **7** Am 4,1; 5,12; Jes 10,2; Rö 2,24 **8** Hes 18,12; Hos 8,11; 10,1

V. 6a Der Botenspruch wird von Amos wiederholt benutzt (auch ab Am 3,11 u. ö) und zeigt, dass ihm die Worte aufgetragen wurden. Dem folgt die Zahlenkette mit der Unwiderruflichkeitsankündigung, die eine Teilhaberschaft am Vergehen mit vier Parteien gegen Gottes Volk ausdrückt (Siehe [Die vier Verbrechen, damals und heute]).

V. 6b zeigt, dass der rechtschaffene und der bedürftige Mensch zum Spielball werden. Deutlich ist die Verschiebung weg vom Wert eines Menschen und hin zum materiellen Wert zu spüren. V. 7a zeigt, wie sie dabei vorgehen. Sie setzten sich über die Köpfe der Geringen hinweg, indem sie die Gesetze so gestalten, dass das Vermögen geschützt und die Rechtschaffenen und Armen benachteiligt werden. V. 7b zeigt den moralischen Zerfall in der Familie bzw. der Religion, wodurch der Name Gottes entweiht wird. V. 8 Hemmungslos nutzen sie gepfändete Werte und eingetriebene Gelder vor ihren Göttern.

Damit fällt diese Urteilsbegründung umfangreicher als bei den drei anderen Verbrechen aus. Dies ist zum einen wegen ihrer ursprünglichen Nähe zu Jehova (Am 3,2), zum andern aber auch wegen der Verwerflichkeit des Krieges gegen die eigene Bevölkerung. Ungleiche Verteilung wird von Gott wesentlich kritischer beurteilt, als dass heute der westlichen Welt überhaupt zu Bewusstsein kommt.

Die Bürger des Nordreiches konnten, sofern sie an Jehova festhielten, als Gottes Volk bezeichnet werden, auch wenn Jehova von Zion aus brüllt (Am 1,2). Das liegt in der gemeinsamen Geschichte begründet, auf die ab V. 9 eingegangen wird.

Amos 2,9-16

9 ‚Ich aber habe für sie den Amoriter vertilgt, der hoch wie Zedern und kraftvoll wie Eichen war, und ich rottete seinen Fruchtertrag oben und seine Wurzeln unten aus. **10** Und ich führte euch aus dem Land Ägypten herauf, und führte euch vierzig Jahre lang durch die Wüste, um das Land des Amoriters in Besitz zu nehmen. **11** Und ich erweckte unter euch Propheten und unter euren jungen Männer Nasiräer. Ist es nicht so, ihr Söhne Israels?‘ hat JHWH gesagt.

12 ‚Ihr aber gabt den Nasiräern Wein zu trinken, und den Propheten befehlt ihr: ‚Prophezeit nicht‘.

13 Siehe, ich lasse es unter euch krachen, wie wenn ein voll beladener Dreschwagen kracht. **14** Auch der Schnelle kann nicht fliehen, und dem Starken nützt seine Kraft nichts, [und kein Starker kann sein Leben retten.] **15** Kein Bogenschütze wird standhalten, [und kein schneller Läufer kommt davon,] und kein Reiter wird zu Pferd entkommen. **16** Der mutigste der Starken flieht nackt an jenem Tag‘, hat JHWH gesagt.

9 Dtr 7,1; Hos 9,16 **10** Dtr 2,7 **11** Dtr 18,18 **12** Am 7,12; Jes 30,10; Num 6,1-4 **13** Am 1,1; Num 16,30f **14** Am 9,1 **15** Jes 30,16 **16** Dtr 28,25

V. 9-11 Jehova erinnert daran, dass er die früheren Bewohner des Landes beseitigte und Israel aus Ägypten befreite und vierzig Jahre in der Wüste bewahrte, um ihnen das Land zu geben. Er erweckte Propheten und Geweihte, um sie anzuleiten.

V. 12 Den Geweihten gaben sie Wein (Num 6,3) zum Trinken und den Propheten wollen sie die Botschaft Gottes verbieten (Am 7,12). Dieser Vorgang ist eine kränkende Missachtung der Autorität Gottes!

V. 13-16 Jehova kündigt wegen der Geringschätzung Israels für sein Handeln mit ihnen nun ein schweres Erdbeben an (Am 1,1). Das Land unter ihren Füssen würde krachen. Dass der Schnelle nicht fliehen kann und die Kraft des Helden nutzlos sei, spielt auf Israels Vertrauen auf seine Streitkräfte an, was auch heute bei manchen Regierungen zu beobachten ist. Bogenschützen und Reiter entkommen nicht, und der erfolgreichste Held rettet sein nacktes Leben.

Das große Erdbeben

Von Anfang an (Am 1,1) ist ein reales Erdbeben zurzeit Jerobeams zu verzeichnen gewesen, das in Am 2,13-16 gegen die Militärmacht Israel gerichtet werden soll. Doch ist ein Erdbeben, bei dem Gott Kriegern eine Niederlage beibringt, aus dieser Zeit nicht bekannt!

Israel sollte durch die assyrische Weltmacht bezwungen werden (Am 3,9-11). Es wären große militärische Verluste zu beklagen (Am 5,3; 6,9). Die Sorglosen (Am 6,7) würden, wie angekündigt (Am 7,11) und wie zuvor schon die Syrer (Am 1,5) jenseits von Damaskus (Am 5,27) ins Exil gehen, wo sie das Schwert weiterverfolgen würde (Am 9,4).

Ein Erdbeben erscheint erst wieder in Am 8,8 und Am 9,5. Dort werden in der Vision die Veränderungen in der Erdkruste mit der jahreszeitlichen Veränderung des Nilstandes verglichen.

Die drei ägyptischen Jahreszeiten Achet – *Überschwemmung*, Peret – *Aussaat*, Schemu – *Hitze/Ernte* von jeweils vier Monaten drehen sich ausschließlich um den Nil.

Es ist folglich in naher Zukunft damit zu rechnen, dass uns die Verschiebungen der Erdplatten sehr viel mehr beschäftigen werden, als wie das bereit der Fall ist! Da nützt auch eine militärische Überlegenheit mit seiner Brutalität in der Kriegsführung nichts (Am 2,14f). Es ist eine direkte Folge der sozialen Ungerechtigkeiten und der systematischen Ausrottung einer von unbändiger Habgier getriebenen Führungsriege, die sich über alles, was Gott für Menschen festgelegt hat hinwegsetzt, und organisierten Menschenhandel fördert (Am 8,4-6).

Jehova hat geschworen, diese Taten nicht zu vergessen (Am 8,7), und deshalb durch Erdbeben jeden Bewohner des Landes in Trauer versetzen, wenn es sich hebt und senkt wie der Nil (Am 8,8). Die Beschreibung lässt einen länger anhaltenden Charakter vermuten, bei dem Menschenmengen auf der Flucht sein werden (ApkBar 69,1-70,10).[20]

---

[20] *Harald Schneider* Biblische Offenbarungsschriften über den letzten großen Weltenherrscher (2019); Parallele Überlieferung der Adler-Vision S. 63f

Amos 3,1-8

1 Hört dieses Wort, das JHWH über euch geredet hat, ihr Söhne Israels, über alle Familien, die ich aus dem Land Ägypten herauf-führte, das lautet: **2** Nur euch habe ich erkannt von allen Familien der Erde. Darum ahnde ich an euch alle eurer Vergehungen.

3 Gehen zwei miteinander, ohne sich getroffen zu haben? **4** Brüllt ein Löwe im Wald, wenn er keine Beute hat? Wird ein junger Löwe aus seinem Versteck laut, wenn er nichts gefangen hat? **5** Fällt ein Vogel in einer Falle zur Erde, wenn ihm keine Schlinge gelegt ist? Springt eine Falle vom Boden auf, wenn nichts zu fangen war? **6** Wenn ein Horn in einer Stadt geblasen wird, erschreckt dann nicht auch das Volk? Geschieht ein Unglück in der Stadt, ist es dann nicht JHWH, der gehandelt hat? **7** Der Herr JHWH wird nichts tun, ohne vorher seine Sache seinen Knechten, den Propheten, zu offenbaren. **8** Da ist ein Löwe, der gebrüllt hat! Wer wird sich nicht fürchten? Der Herr JHWH selbst hat geredet! Wer wird nicht prophezeien?

1 Hos 4,1; Am 2,10 **2** Ex 19,5; Dtr 7,6; Hi 34,11; Jer 10,25; Hos 12,2; Am 4,2 **3** 2Kö 6,12 **4** Ps 104,21 **5** Prd 9,12 **6** Jer 4,5; Joel 2,1; Zep 1,16 **7** Gen 6,13; Jes 42,9; Am 2,11; Joh 15,15; Apk 1,1; 17,18 **8** Spr 20,2; Am 1,2; 7,15

V. 1 Die Aufforderung, das Wort zu hören, das sie betrifft (Am 2,12), ergibt sich aus der Begegnung mit Gott, der ihre Vorfahren in das Land geführt hatte. V. 2 Diese Familien wurden erkannt, was eine entsprechende Verantwortung mit sich bringt. Darum wird auch den Vergehen nachgegangen. Das lässt sich nicht einfach ignorieren! V. 3 Eine Begegnung hatte stattgefunden. V. 4 Jehova warnt nicht grundlos, wie ein Löwe nicht grundlos brüllt. V. 5 Eine Falle springt doch nicht grundlos auf! V. 6 Warnsignale erschrecken die Bewohner der Stadt, und das dort bevorstehende Unglück kommt von Jehova. V. 7 Er teilt dies vorher durch seine Propheten mit. V. 8 Ein brüllen-der Löwe versetzt alle in Angst. Wenn der Herr redet, werden alle zu Propheten (Am 1,2; 7,15).

9 Ruft aus auf den Palästen in Assyrien und auf den Palästen im Land Ägypten, und sprecht: Versammelt euch gegen die Berge Samarias, und seht euch das großartige Treiben darin an [und die Bedrückung darin]. **10** Rechtes tun haben sie nicht verstanden, spricht JHWH, die Frevel und Gewalt anhäufen in ihren Palästen.

11 Der Herr JHWH sagt: Ein Feind wird das Land ringsum bedrängen, und deine Macht herunterholen, und deine Paläste plündern.

12 So hat JHWH gesprochen: Wie der Hirt dem Maul des Löwen zwei Unterschenkel oder ein Stück Ohr entreißt, so werden die Söhne Israels weggerissen, die ihr in Samaria auf dem Fußende der Liege und am Kopfstück des Bettlagers sitzt.

13 Hört und bezeugt im Hause Jakob, spricht der Herr JHWH, Gott der Heerschaaren. **14** Am Tag, an dem ich wegen der Sünden Israels ahnde, [die Altäre von Bethel heimsuche und die Hörner des Altars abschlage, dass sie zur Erde fallen] **15** stürze ich das Winterhaus und das Sommerhaus. Die Elfenbeinhäuser gehen zugrunde, und viele Häuser nehmen ein Ende, spricht JHWH.

9 2Kö 17,23; Jes 9,9; Hos 7,1; Am 4,1 **10** Jes 26,10; Zep 1,9 **11** Hos 11,6; Am 6,8 **12** Am 6,4 **13** Am 3,1.8 **14** Hos 4,9; 10,2; 2Kö 23,15 **15** 1Kö 22,39; Am 6,11

V. 9-15 Die Ansage geht gegen die Verantwortlichen in den Palästen oder Wohntürmen, die sich in ihrem luxuriösen Treiben wohlfühlen.

V. 9 Der Aufruf zur Truppensammlung gegen das Hügelland Samarias wird notwendig, V. 10 weil sie das Recht nicht verstanden haben und die Führer Übertretung und Gewalttaten anhäufen. V. 11 Feinde werden die Macht dieser Führer kappen und ihre Paläste plündern. V. 12 Der Hirte entreißt dem Löwen ein Stück, um zu belegen, dass das Tier gerissen wurde. So wird Israel als Beleg weggerissen, alle, die es sich auf ihren Betten bequem machen (Am 6,4).

V. 13 Jetzt folgt noch einmal die Aufforderung, genau zuhören, was bezeugt wird (V. 1)! V. 14 Wenn ich den Sünden Israels nachgehe, V. 15 stürze ich die Winter- und die Sommerresidenz und die Elfenbeinhäuser gehen für immer unter!

Amos 4,1-3

1 Hört dieses Wort, ihr Kühe Baschans auf dem Berg Samarias, die die Geringen unterdrücken und die Armen zertreten, die zu ihren Herren sagen: ‚Bring her, und lass uns genießen!' **2** Der Herr JHWH hat bei seiner Heiligkeit geschworen: ‚Siehe! Es kommen Tage über euch, da ihr mit Haken weggeschafft werdet und euer Rest mit Stacheln. **3** Gegen euren Willen werdet ihr hinausgetrieben, eine hinter der anderen und werdet zum Hermon hin verstoßen', spricht JHWH.

1 Hos 4,3.16; Am 3,9; 5,11f; 6,1; 8,4f; Mi 2,1-3; Mal 3,5 **2** Am 6,8; 8,7 **3** Hes 12,12

V. 1 Ein Spruch an die Frauen der reichen Beamten Israels (Am 3,9). Sie sind durch ihre unbändige Genusssucht zu Treibern der Ungerechtigkeit geworden (Am 5,11.12; 8,4-6). Das blieb nicht unbeobachtet, denn es geschah ja auf Kosten der Hilflosen und Bedürftigen. Amos wird zur Übermittlung seiner Botschaft die reichen Frauen der Hauptstadt Samarias an ihren zentralen Treffpunkten aufgesucht und damit konfrontiert haben. „Unter der prophetischen Anklage gewinnt die Frau eine völlig selbständige Verantwortung."[21]

V. 2 Jehova schwört (Am 6,8; 8,7) bei seiner Heiligkeit (Ps 89,35)! Es kommen Tage über euch, d. h. eine neue Ära über diese Frauen. An Haken oder Stricken würden diese Frauen abgeführt und deportiert, der wohl störrische Rest sogar mit Harpunen (Fischfanggeräte) gewaltsam abgeführt werden. V. 3 Dies würde gegen ihren Willen geschehen, nach anderer Wiedergabe „durch Mauerrisse hindurch", einer hinter der anderen rausgeworfen (vgl. Jer 22,28 mit Jojachin).

Der Berg Hermon birgt aus Ausgangspunkt noch einige Geheimnisse in sich. „Der Gipfel des Karmel soll verdorren" – Am 1,2. Es ist eine Nähe zur Vision Nahums auszumachen: „Es verschmachten Baschan und Karmel, und das Wachstum des Libanon geht ein" – Nah 1,4. In der neuen Ära, die starke Veränderungen mit sich bringt (Hab 3,6), werden Berge, zu denen die Bewohner der Erde in Abhängigkeit stehen (vgl. Apk 6,16), sich absenken. Die Senkung der uralten Berge kann mit Engeln in Verbindung gebracht werden, die auf dem Hermon niedergingen (siehe Kommentar zu Nah 1,2-8). Die Haken und Angeln in V. 2 stellen als Begriffe eine Beziehung zwischen den Kräften der Meere und diesen Bergen als Verbannungsort her!

---

[21] *Hans Walter Wolff* BKAT XIV, 2 Joel und Amos (1975); Seite 244

4 ,Kommt nach Bethel und begeht Verbrechen, nach Gilgal und vielfacht Verbrechen, und bringt eure Opfer am Morgen, am dritten Tag eure Zehnten, **5** verbrennt Gesäuertes als Dankopfer und kündigt freiwillige Opfer an, denn so liebt ihr es, Söhne Israels', spricht der Herr JHWH.

4 Gen 12,8; 28,22; Am 5,5; Hos 3,4; 4,13.15; 8,13; 9,15; 12,12 **5** Lev 7,13

Nicht zufällig findet mit V. 4-5 der Wechsel vom Gericht einer Oberschicht in V. 1-3 hin zu ihren Opfergaben bei den Heiligtümern statt. V. 4 Der rein äußere Eindruck eines gottesfürchtigen Wohltäters wird als ein Verbrechen bezeichnet, dem vom Heiligtum in Bethel zu dem in Gilgal noch eine Steigerung innewohnt. Die Morgenopfer und der Zehnte am dritten Tag, sowie V. 5 gesäuertes Brot und freiwillige Gaben assoziieren nicht mit Gottesfurcht, „sondern ironisch mit der (willkürlichen) Eigenliebe der Angesprochenen. So parodiert also dieser Spruch Ziel und Grund priesterlicher Kultanweisungen. Damit wird er zu einer Scheltrede, deren Herkunft von Amos nicht bezweifelt werden darf."[22]

V. 4 Die Zeitangabe „am dritten Tag" ist schon häufiger missverstanden worden![23] Am dritten Tag (Gen 1,13) sah Gott zweimal, „dass es gut war" (Gen 1,10.12). Der dritte Tag (Dienstag) war auch als Hochzeitstag beliebt (Joh 2,1)[24] und wird in Am 4,4 aus ähnlichen Motiven gebraucht. Nun ist Gen 1,1-2,3 auch selbst eine Apokalypse (Offenbarung), denn es konnte ja kein menschlicher Beobachter zugegen sein.[25] „Am dritten Tag" (Hos 6,2) war als Wochenbezeichnung (Gen 2,4) auch Hosea als Auferstehungszeit hinter dem zweiten Tag bekannt (siehe [Zwei Tage in Hos 6,2. Zwei Siebener in der Apokalyptik])! In Am 4,4 liegt uns mit dem Zehnten am dritten Tag nun auch ein kultischer Beleg für die Kenntnis des Hosea vor, die er über diesen dritten Tag hatte. Damit wird indirekt auch die Wochenzeitrechnung über Jahrwochen (Dan 9,24f) und Jubeljahre (Lev 25) hinaus, in Jahrjahren als Tag/Siebener (Dan 9,27) bestätigt!

---

[22] *Hans Walter Wolff* BKAT XIV,2 Joel und Amos (1975), Seite 250
[23] *Pinchas Lapide* Ist die Bibel richtig Übersetzt? Bd. 1 (1999), Seite 92-93
[24] *Harald Schneider* Die Ordnung der vier Evangelien (2020), Seite 184
[25] *Harald Schneider* Die neue biblische Chronologie (2020), Seite 17-24

Amos 4,6-11

6 ‚Ich gab euch blanke Zähne in all euren Städten, und Brotmangel an all euren Orten, aber ihr seid nicht zu mir umgekehrt‘, spricht JHWH. **7** ‚Ich verwehrte euch den Regen [als es noch drei Monate bis zur Ernte waren, und ich ließ es auf eine Stadt regnen, aber auf eine andere Stadt ließ ich es nicht regnen. Ein Stück Land erhielt Regen, aber ein Stück Land ohne den Regen verdorrte]. **8** Zwei oder drei Städte wankten zu einer Stadt, um Wasser zu trinken, [wurden aber nicht satt] aber ihr seid nicht zu mir umgekehrt‘ spricht JHWH. **9** ‚Ich schlug euch mit Kornbrand und Mehltau und lies eurer Gärten und eurer Weingärten vertrocknen, eure Feigenbäume und Oliven- bäume fraß die Heuschrecke, aber ihr seid nicht zu mir umgekehrt‘ spricht JHWH. **10** ‚Ich sandte euch Ägyptens Pest. Mit dem Schwert tötete ich eure jungen Männer, und gab eure Pferde als Beute. Ich ließ eurer Lager in Flammen aufgehen, aber ihr seid nicht zu mir umgekehrt‘ spricht JHWH. **11** ‚Ich brachte eine Katastrophe über euch gleich der Umkehrung durch Gott von Sodom und Gomorra. Und ihr wurdet einem Holzscheit gleich, das aus dem Brand gezogen wurde, aber ihr seid nicht zu mir umgekehrt‘ spricht JHWH.

6 1Kö 18,2; 2Kö 8,1f **7-10** 1Kö 8,33f **9** Joel 1,4 **10** Ex 9,3 **11** Gen 19,24; Sach 3,2

Nach den selbstsüchtigen und daher vergeblichen Kulthandlungen in V. 4-5 werden in V. 6-11 die vergeblichen Erziehungsmaßnahmen gelistet, die nach V. 12 noch im laufenden Prozess waren.

V. 6 Er gab ihnen Hungersnot (Lev 26,26) und V. 7 anhaltende Tro- ckenheit (Lev 26,19), sodass V. 8 sie unter mangelnder Wasserver- sorgung litten (Lev 26,26). V. 9 Ihre angebauten Nahrungsmittel verdarben (Lev 26,24). V. 10 Sie traf die Pest Ägyptens und das Schwert tötete die jungen Männer (Lev 26,25). Die Pferde wurden zur Beute anderer und ihr Lager brannte ab. V. 11 nennt die größte vorstellbare Katastrophe als Bild für die Auslöschung, und doch er- folgt keine Umkehr.

V. 6-11 Diese Liste weist eine Nähe zu Lev 26 auf, wo auf den Un- gehorsam ebenfalls in Stufen Reaktionen angekündigt werden, von denen offensichtlich bereits Salomo Kenntnis hatte (1Kö 8,33f). Die Zeitbestimmung V. 7b „als es noch drei Monate bis zur Ernte war" ist eine nachträgliche Glosse – *Artur Weiser* (ATD 24, S. 153), passt aber wie Am 7,1b zur Chronologie Jonas (Siehe [Vorwort zu Jona]).

Amos 4,6-11 und Levitikus 26

Amos 4,6-11 nennt Voraussagen aus Levitikus 26, dessen Ursprung hier zunächst neu angesprochen wird (Lev 26,46).[26] Die dort aufgeführten Strafen sind in fünf Stufen abgefasst (Lev 26,14f; 18f; 21f; 23f; 27f), wobei jede Fortsetzung auf die Sieben hinweist. Siebenmal werden sie geschlagen, doch woran orientiert sich das Siebenfache? Eine Größe wird zwar nicht genannt, doch lässt die Auslassung in Lev 26,14-17 Rückschlüsse auf ein Selbstverständnis zu, die Woche. Wegen der folgenden Sabbate (Lev 26,34.35.43) ist ohnehin an Wochen zu denken, die in einer Steigerung aufgestellt sind. Hier ist an Jahrwochen zu denken, die sich siebenfach zu Jubiläen aufstellen (7 x 7 = 49). Mit fünf Jubiläen (5 x 49 = 245) ist das Maß voll und das Land wird seine Sabbate abzahlen (Lev 26,34.35).

Wie ist mit dieser Kenntnis umzugehen?

„Von dem Eponymenjahr 911 v.Chr ausgehend, ergeben sich sichere Daten von Saul bis Salomo (der Tempelbau in seinem vierten Jahr datiert nach 1Kön 6,1 in das Jahr 967 v.Chr)" – *U. Worschech*[27]

Bereits vom Tempelbau 967 an wurden diese Siebener siebenfach aufgestellt, was für Israel (Am 6,3) bedeutete, dass diese fünf Stufen 722 ausliefen! Salomo nennt in seinem Gebet zur Tempeleinweihung drei dieser Stufen (1Kö 8,33-40).

Die Sabbate (Lev 26,34.35) wurden in der Rede Jehovas (Lev 25,1) für das Land zur Ruhe verordnet, aber zurzeit der Könige offensichtlich nicht mehr eingehalten. Jedenfalls ereignete sich an Israel der früheste Verlust des Landes ab der Tempeleinweihung (Lev 25,2).

Der historische Verlust des Landes 722 hatte zur Folge, dass die Sabbate (5 x 49 =) 245 Jahre später 467 abgezahlt sein müssten. Israel verpasste zwar seine Rückkehr (Hos 13,13), doch ist immerhin im 7. Jahr der Regierung Artaxerxes 466 eine Gesandtschaft unter Esra eingetroffen (Esr 7,8; 10,9; Neh 8,2; 3Esr 8,6; 9,40).

---

[26] Levitikus als Buch *H.-J. Fabry H.-W. Jüngling* BBB 119 (1999), Innerbiblische Exegese im Heiligkeitsgesetz Levitikus 17-26 *Eckart Otto* S. 125-196; Verheißung und Drohung: Lev 26 *Hans Ulrich Steymans* S. 263-307.
[27] Evangelisches Lexikon für Theologie und Gemeinde (ELThG), Bd. 1 (1992) Chronologie, Altes Testament, Seite 379

Amos 4,12-13

12 ‚Dies will ich dir daher tun, Israel, und weil ich dir dieses tun werde, mache dich bereit, Israel, deinem Gott zu begegnen. **13** Denn siehe, der Bildner der Berge und Erschaffer des Windes und Verkünder der Menschen in dem, was er ersinnt, der Morgenröte und Dunkelheit macht, und der auf die Höhen der Erde tritt, JHWH, Gott der Heerscharen, ist sein Name.‘

12 Hes 22,31 **13** Ps 65,6; 139,1-10; Jes 40,12f; Jer 13,15-17; Am 5,27; 8,9; Mi 1,3

Der V. 12 blickt in eine Zukunft, wo die zuvor gelisteten Erziehungsmaßnahmen (V. 6-11) ihrem Abschluss entgegen gehen. Die Zukunft hält eine unangenehme Begegnung mit Gott bereit, auf die sie sich vorbereiten sollten. Wie sollte diese Vorbereitung aussehen?

Das Ende des Nordreiches Israels war nach Lev 26,14-33 berechenbar (siehe [Amos 4,6-11 und Levitikus 26]). „Der Verkünder der Menschen in dem, was er ersinnt" hatte es Israel bereits im Buch für die Priester in Lev 25-26 angekündigt (vgl. Am 3,7; 6,3).

V. 13 Der Bildner der Berge und Erschaffer des Windes (Hen 17,2.7) ist ein Mitteiler von Geheimnissen (Dan 2,28). Er macht die Morgenröte und die Dunkelheit. So kommt eine Begegnung zwischen dem Himmel und den Höhen der Erde zustande!

„Das Kapitel schließt mit einer hymnischen Doxologie, die ihre Parallelen in 5,8f und 9,6 hat." – *Artur Weiser* (ATD 24, Amos, S. 156)

Die Nähe von Am 5,8f zu Hiob 9,9; 38,31 geht auf Kenntnisse aus dem Buch Henoch zurück (Hiob 42,5), was eine nähere Bestimmung der Berge als Sterne und der Winde als die treibenden Kräfte möglich macht.[28]

---

[28] *Harald Schneider* Das Buch Henoch und die neue biblische Chronologie (2020), Die kosmische Reise des Henoch, Seite 57-64
[Hen 17-18 – Bezüge: Hi 9,5-9; 26,5-13; 36,27-37,5; 37,9-23; 38,4-11]

1 Hört dieses Wort, das ich über euch als Totenklagelied anstimme, Haus Israel:

2 Die Jungfrau Israel ist gefallen. Sie steht nicht wieder auf. Hingestreckt auf ihrem eigenen Boden. Niemand richtet sie auf.

3 Denn so hat der Herr JHWH gesprochen: ‚Die Stadt, die mit tausend auszieht, behält hundert übrig, die mit hundert auszieht, behält zehn [dem Haus Israel].‘

4 Denn so hat JHWH zum Hause Israel gesprochen: ‚Sucht mich und bleibt am Leben. **5** Sucht nicht Bethel, und nach Gilgal geht nicht, und pilgert nicht nach Beerscheba, denn Gilgal geht sicher ins Exil und Bethel wird zum Unheil. **6** Sucht JHWH und bleibt am Leben, damit er nicht einbreche wie Feuer, Haus Joseph, und es fresse und niemand da ist, der es löscht. **7** Wehe, die ihr das Recht in Wermut umkehrt, und die Gerechtigkeit zur Erde werft. **8** Der Erschaffer der Plejaden und des Orion, der Dunkel zum Morgen umstürzt und den Tag zur Nacht verfinstert, der nach den Wassern des Meeres ruft, und sie über die Erdoberfläche ausgießt — JHWH ist sein Name, **9** der Verheerung über einen Starken bringt, sodass Vernichtung über die Festung kommt.‘

1 Hes 19,1 **2** Jes 24,20 **3** Jes 10,22; Am 6,9 **5** Am 4,4; 8,14 **7** Am 6,12 **8** Hi 9,9; 38,31; Am 4,13; 9,6

Im V. 1 fordert Amos zum Hören eines Totenklagelieds über Israel auf. Damit will er dem, was noch kommen wird, Gehör verschaffen! V. 2 Das Lied vergleicht Israel mit einer Jungfrau, die fällt und auf dem eigenen Boden liegenbleibt, ohne Helfer.

Der V. 3, das Wort Jehovas, setzt einen kriegerischen Konflikt voraus, der die Anzahl der Krieger der Städte auf ein Zehntel reduzieren würde. V. 4 Die Aufforderung, Gott zu suchen und am Leben zu bleiben, richtet sich nicht an die Nation, sondern an Einzelpersonen. V. 5 zeigt an, wie diese Suche nicht gestaltet sein darf. Die Heiligtümer und Pilgerstätten bringen nicht weiter (Am 4,4). Der V. 6 spricht die persönlichen Sucher vom Haus Josephs an, die ein Feuereinbruch verhindern können, denn wenn es brennt ist niemand da, der löscht. V. 7 spricht ein Wehe über die Verursacher der sozialen Ungerechtigkeiten in Israel aus, die in erster Linie im Blick sind (Am

2,6-8). In V. 8 wird Gottes Größe als Erschaffer der Plejaden und des Orion deutlich gemacht. Nach der Drehrichtung des Himmels scheint der Orion als Krieger die Plejaden ständig zu verfolgen. Der V. 9 scheint dieses Bild wegen der Verfolger innerhalb Israels aufzugreifen und umzukehren: „der Verheerung über einen Starken bringt, sodass Vernichtung über die Festung kommt."

Zur Handlung von V. 7 und der Wendung zu V. 8-9, vgl. Jes 66,1.2. Eine Listung der Vergehen der in V. 7 angesprochenen, und mit einer Wehe belegten Personenkreises in Israel folgt ab V. 10.

Die Sternbilder in Amos 5,8 und Hiob 38,31-32

Eine vergleichbare Situation für die Einfügung in Am 5,8.9 besteht in Hi 38,31-32. Dort wird, wie festgestellt werden konnte[29], die Verfolgungssituation beim Durchzug Israels durch das Rote Meer geschildert, und die Bilder eingestreut:

„Kannst du knüpfen das Gebinde der Plejaden oder lösen die Fesseln des Orion?" – Hi 38,31[30]

„[Der Orion] zählt zu den ältesten Sternbildern überhaupt und wurde in fast allen alten Kulturen mit einem großen Helden, Krieger oder Gott identifiziert. … Für die alten Griechen waren die Plejaden die Halbschwester der Hyaden … Der Sage nach soll sich Orion, der große Jäger in sie verliebt und sie bedrängt haben. In ihrer Not verwandelten sie sich in Tauben und flogen in den Himmel. Durch die stetige Drehung des Firmaments scheint Orion sie noch heute zu verfolgen."[31]

Kannst du Mazzaroth zu seiner Jahreszeit erscheinen lassen – Hi 38,32b

„Es gibt ein umfangreiches exegetisches Schrifttum über diesen Mazzaroth, aus dem nur so viel geschlossen werden kann, dass „die Bedeutung von Mazzaroth unsicher ist." Die Vulgata jedoch, die lateinische Bibelübersetzung gibt Mazzaroth mit Luzifer wieder. Die griechische Übersetzung der Septuaginta lautet: „Kannst du Mazzaroth zu seiner Jahreszeit erscheinen lassen und den Abendstern an seinem langen Haar führen?"[32]

Immanuel Velikovsky hat die Venus-Tafeln aus der ersten babylonischen Dynastie untersucht, wonach die Venus ursprünglich ein Vagabundendasein geführt haben muss. Über die Venus-Tafeln schrieb er:

---

[29] *Harald Schneider* Die neue biblische Chronologie und die ägyptische Chronologie (2016/2020), Der Durchzug durch das Rote Meer und Hiob 38, Seite 397-431
[30] *Werner Papke* Die Sterne von Babylon (1989), 65.
[31] *Eckhard Slawik, Margit Röser* Der Sternenhimmel. Eine fotografische Reise zu Tierkreis- und Sternbildern, 42.48
[32] *Immanuel Velikovsky* Welten im Zusammenstoss (2008), 222 (Unterzitat: Cambridge Bibel, Buch Hiob, von A. B. Davison und H. C. Lanchester).

Man kann sich schwer vorstellen, wie derart offenkundige Fehler unterlaufen sein könnten. Die Daten stehen in einem zeitgenössischen Dokument, sie sind kein Dichtwerk, sondern eine nüchterne Aufzeichnung, und jede einzelne Angabe dieser Aufzeichnung ist sowohl durch Daten, wie auch durch die Zahl der Tage zwischen diesen Daten wiedergegeben. Ganz ähnlichen Schwierigkeiten sehen sich die Gelehrten gegenüber, welche die indischen Planeten-Tafeln zu verstehen versuchen.[33]

Für einen Haarstern, der herausgeführt wurde (Hi 38,32b) und ohne Schweif als Venus die Sonne umkreist, hatte Velikovsky in *Welten im Zusammenstoss* nicht zu ignorierende Argumente vorgelegt![34]

Zu den Sternbildern ist zu sagen, dass das Bild vom Jäger und den Gejagten schon in der frühantike in den Himmel geschrieben war und in Hiob thematisch die Verfolgungssituation beim Exodus beschreibt. Der Haarstern ist ein Bild für den Widersacher Gottes.

---

[33] Ebenda S. 220

[34] „Die historische Kosmologie bietet die Gelegenheit, die Tatsache, dass es Katastrophen weltweiten Ausmaßes gab, dazu zu benutzen, eine zeitliche Koordinierung des Altertums durchzuführen" (Immanuel Velikovsky, Welten im Zusammenstoss (2008), Seite 400). Von dieser Möglichkeit hat Dr. Velikovsky ausgiebig Gebrauch gemacht. Er hat Nachrichten der Antike über kosmische Beobachtungen aus aller Welt ernstgenommen und ausgewertet. Sein Buch „Welten im Zusammenstoß" (1950/2008) bietet eine vielseitige Aufschlüsselung historischer Informationen und Zusammenhänge. Er stellte erstmals zwischen dem Payrus Ipuwer und dem Exodus Parallelen fest, die ihn veranlassten, in den Amu (Hyksos) die Amalekiter zu erblicken, die nach Israels Auszug auf diese prallten (Gen 17,8-16) und die Ägypten intervenierten. Danach ist die Zeit der Hyksos in Ägypten auch die Zeit der Richter in Israel; die Zeit des Neuen Reiches auch die Zeit der Könige. Neben der „zeitlichen Koordinierung des Altertums" berühren auch die von ihm analysierten Katastrophen die Genauigkeit der zurückgewandten Zeitrechnung sowie die der Messung atmosphärischer und geologischer Beschaffenheiten vor dem Jahre 687 v. u. Z. Der Katastrophismus von Dr. Velikovsky erschütterte die Wissenschaft nachhaltig, da „die Wissenschaft ganz sicher weiß, dass es Millionen von Jahren ununterbrochener Evolution gegeben haben muss ...", wie es ein Kritiker zum Ausdruck brachte. Gordon A. Atwater brachte es auf den Punkt, als er schrieb: „Ich behaupte sehr wohl, dass der Autor von einem umfassenden Blickwinkel aus betrachtet eine enorme Arbeit vollbracht hat, deren Ergebnis darin besteht, Wissenschaft und Religion zu verknüpfen. Sein Buch wird eine explosive Wirkung in der Welt der Wissenschaft haben." Siehe auch „Zeitalter im Chaos Bd. 1-3.

10 Sie hassen, wer im Tor recht richtet, und wer die Wahrheit sagt, verabscheuen sie. **11** Weil ihr vom Geringen Pachtgeld erhebt und ihr ihm den Getreidetribut abnehmt. Häuser aus behauenem Stein habt ihr gebaut, aber ihr werdet nicht darin wohnen, und Weingärten habt ihr gepflanzt, aber ihr werdet nicht ihren Wein genießen. **12** Ich habe erkannt, wie zahlreich eure Verbrechen und wie mächtig eure Vergehen sind, die ihr jemand, der gerecht ist, anfeindet, die ihr Bestechungsgelder nehmt, und die ihr im Tor Arme abweist. **13** [Daher schweigt der Kluge in jener Zeit, weil es eine unglückliche Zeit ist.] **14** Sucht das Gute und nicht das Böse, damit ihr am Leben bleibt, sodass JHWH, Gott der Heerscharen, mit euch sei, wie ihr behauptet. **15** Hasst das Böse, und liebt das Gute, und gebt dem Recht einen Platz im Tor. Vielleicht wird JHWH, der Gott der Heerscharen, Josephs Rest gnädig sein.

10 Am 6,12; 1Kö 22,8 **11** Mi 2,2; Zep 1,13 **12** Am 2,7 **13** Mi 2,3 **14-15** Mi 3,11; 6,8

Die in V. 7 mit einer Wehe belegte Personengruppe wird nach einem Einschub (V. 8-9) nun näher charakterisiert.

V. 10 Ihre Motivation ist der Rechtsprechung und der Wahrheit vollständig entgegengesetzt. Soziale Ungleichheiten vor Gericht anzusprechen motivieren nur wenige und dafür gehasste Personen. Der V. 11 spricht dieses Ungleichgewicht offen an: Vom Armen werden Pachtgelder und Naturalabgaben erhoben, d. h. er hat keinen eigenen Erbbesitz mehr, während die Oberschicht in Häusern mit behauenen Steinen wohnt und sich schöne Weingärten angelegt hat, dessen Entzug angekündigt wird. V. 12 Amos erkennt die Menge und Schwere ihrer Vergehen und ihren Kampf gegen den Gerechten. Sie sind bestechlich und weisen die Klage des Armen ab. V. 13 könnte eine spätere Einfügung sein, auch wenn der Aussage eine, wenn auch eigennützige, Weisheit innewohnt. Im V. 14 fordert Amos zur Suche nach dem Guten auf, um am Leben zu bleiben und Gott auf seiner Seite zu haben, wie sie es in ihrem Wohlstand und ihrer Religiosität ja als Real empfinden und auch so nach Außen stellen (Am 4,5). V. 15 forciert, dass die Suche nach dem Guten dem Recht des Geringen vor Gericht seine Geltung verschafft, was sich vielleicht auf den Rest Josephs gnädig auswirkt. In V. 12-15 zeigt Amos sein persönliches Engagement für Zuhörer, die umkehren wollen.

Amos 5,16-20

16 [So hat JHWH, Gott der Heerscharen, der Herr, gesprochen:] ‚Auf allen Plätzen wird geklagt, und auf allen Straßen rufen sie: ‚Weh! Weh!' Man wird den Bauer zur Trauer bitten, und zum Klagen die Klagekundigen. **17** In allen Weingärten wird geklagt, denn ich werde durch deine Mitte ziehen', spricht JHWH.

18 Wehe denen, die den Tag JHWHs herbeisehnen! Was soll euch der Tag JHWHs bedeuten? [Er wird Finsternis sein und nicht Licht], **19** so, wie wenn einer vor dem Löwen flieht, und ihn trifft der Bär, oder er nach Hause kommt und seine Hand gegen die Mauer stützt, und die Schlange beißt ihn. **20** Wird nicht der Tag JHWHs Finsternis sein und nicht Licht, Dunkelheit und nicht Glanz?

16 Jes 16,10 **17** Ex 12,12 **18** Jes 5,19; Joel 1,15; 2,11; Mal 3,2 **19** Prd 10,8

V. 16-17 spricht die Trauerklagen als Folgen von V. 3.11 an.

V. 16 Auf allen Plätzen und in allen Straßen beschreibt das Ausmaß, das auch durch die Hilfe aus der Landbevölkerung zum Klagen und durch die Klagekundigen unterstrichen wird. V. 17 Da, wo sich der Wohlstand abspielt, wird auch geklagt werden, wenn Jehova durch die Mitte Israels zieht.

In V. 18 ergeht ein Wehe an diejenigen, die sich den Tag Jehovas herbeisehnen. Es ist ein Tag des Gerichtes am Ende der Zeiten, der alle Menschen betrifft. Sicherlich haben einige Zuhörer des Amos eine Veränderung der ungerechten Umstände begrüßt, dabei aber nicht die Dimension des Tages Jehovas erfasst! Was soll er euch bedeuten? V. 19 Wer vor einem Löwen flieht, ihn trifft der Bär. Mit dieser Aussage sind nicht lediglich Raubtiere, sondern Regierungen angesprochen, die man heute als Ost-West-Spannung wahrnimmt. Im eigenen Haus, d. h. dem eigenen Land, kann man sich nicht auf den Schutz durch die eigene Regierung verlassen, der Mauer, weshalb die Schlange hinterhältig zubeißen kann. V. 20 Kennzeichnet den Tag Jehovas als Finster, ohne Licht in Dunkelheit, ohne Glanz.[35]

---

[35] *Alfons Deissler* Zwölf Propheten Bd. 1 (Echter Bibel), Seite 116: Der von Amos anvisierte Tag Jahwes meint zunächst die kommende Gerichtskatastrophe (Untergang des Nordreiches durch Assur, 722 v. Chr.). Aber wie in Jes 2,6-22 steckt darin bereits ein Ausgriff in Richtung auf den „letzten Tag"

21 ‚Ich hasse und verabscheue eure Feste, und mag den Geruch eurer Festversammlungen nicht. **22** Wenn ihr mir Brandopfer darbringt, habe ich an euren Gaben keinen Gefallen, und eure Schlachtopfer der Masttiere schaue ich nicht an. **23** Weg von mir mit dem Lärm deiner Lieder, und das Klimpern eurer Harfe mag ich nicht hören. **24** Möge das Recht an wälzen wie Wasser und Gerechtigkeit wie ein Wildbach. **25** Waren es Opfer und Gaben, die ihr in der Wildnis vierzig Jahre lang darbrachtet, Haus Israel? **26** Und ihr habt Sakkuth, euren König, und Kewan, eure Bilder, den Stern eures Gottes, den ihr euch machtet, getragen. **27** Ich will euch ins Exil jenseits von Damaskus gehen lassen‘, hat JHWH gesprochen, dessen Name Gott der Heerscharen ist.

21-22 Jes 1,11-14; 66,3; Hos 6,6; 8,13 **23** Am 6,5; 8,10 **27** 2Kö 17,6; Am 4,13

V. 21-24 Die Festopfer der Versammlung werden dem Recht und der Gerechtigkeit gegenübergestellt. V. 25 Ein Rückblick auf die vierzig Jahre Wüstenwanderung verrät die gleiche Ironie. Sie opferten vierzig Jahre lang, handelten aber nicht entsprechend. V. 26 Sakkuth und Kewan sind Sterne/Sternbilder, d. h. Hinweise auf Astrologie.[36] V. 27 Die Folge ihres Verhaltens ist das Exil jenseits von Damaskus.

V. 26 Wird in Amos wirklich Astrologie angesprochen, die bereits während der Wüstenwanderung gepflegt wurde? Nach der Damaskusschrift, dem ältesten Kommentar zu Am 5,26-27, sind „Die Schriftrollen der Thora, … die SKWT" und „der Kiwan der Bilder die Propheten-Schriftrollen, deren Worte Israel verachtet hat." *(Maier)* Diese Auslegung stellt die Verschriftung dem Kult als Überlegen da. Im Zentrum dieses Kommentars steht der Stern aus Num 24,17.

Die Dopplung im Text zeigt, dass sowohl Sakkut als auch Kiwan auf den Saturn als Sterngottheit zurückgeführt werden können.[37] Der Vorwurf an Israel, dieser Gottheit als ihrem König zu dienen, schon während der Wüstenwanderung, ist ein Hinweis auf deren Bezug als ihren Stern. Diese Vorstellung stammt aus ihrem Ursprungsland und sollte sie auch wieder dorthin zurückbringen, hinter Damaskus hinaus, nach Mesopotamien!

---

[36] *M. Holland* Amos (Wuppertaler Studienbibel), Seite 168
[37] Apg 7,43 - Rompha; Am^{LXX} 5,26 – Raiphan (*ägyptisch* Repha = Saturn)

Ein Stern in Israels Geschichte

Aus Amos 5,26 ist ein Bezug zwischen Israel und dem Saturn erkennbar, deren Beobachtung schon während der 40 Jahre Wüstenwanderung erfolgte, was in Amos prophetisch als Wortspiel, auf Israels zukünftige Wanderung „über Damaskus hinaus" in den kultischen Ursprungsbereich der Sterndeutung zu verstehen ist.

Ich sehe ihn, aber nicht jetzt, ich schaue ihn, aber nicht nahe. Es tritt hervor ein Stern aus Jakob und ein Zepter erhebt sich aus Israel und zerschlägt die Schläfen Moabs und zerschmettert alle Söhne Seths. – Num 24,17 *(revidierte Elberfelder Bibel)*

Schon vor der Zeitenwende wurde diese Weissagung herangezogen, um auf den End Krieg (1QM 6b-7) und auf personelle Legitimationen (4Q174 Kol. III, 11b-12; 4Q175 mit Dtr 18,18f) hinzudeuten.

Auch wenn aus Num 24,17 ein Stern für Israel abgeleitet würde, war Israel deren Beobachtung in astrologisch-religiösem Sinne streng untersagt (Dtr 4,19).

In christlicher Zeit kommt dieses Thema erneut zum Vorschein!

„Mit heiligem Geist erfüllt" lobpreist Zacharias den „Aufgang eines Sterns" als Vorzeichen der Erfüllung der Prophezeiung, dass Israel einen König bekommt, für dessen Vorbereitung sein Sohn Johannes in Zukunft wirken würde (Luk 1,67.76.77.78b).

Astrologen, die das Jesuskind aufsuchten, handelten tatsächlich aus ihrem Fachwissen heraus und nannten die Jupiter-Saturn-Konjunktion „seinen (d. h. Israels) Stern" (Mat 2,1).[38]

Nach Orgiens war der Stern in den Schriften vorausgesagt worden (Num 24,17 *und seine Kometentheorie*).

Den Stern als außerordentliche Erscheinung für den Messias zu sehen ist, nach Zacharias Worten richtig, nach dem Magier Bericht „aus dem Osten" bestätigt, für Israel aber auf religiösem Gebiet nicht fassbar und prophetisch erstmals in Num 24,17 belegt.

---

[38] *Harald Schneider* Die Ordnung der vier Evangelien (2015/20) S. 19-42

1 Wehe den Sorglosen auf Zion und den auf den Berg Samarias vertrauenden! Die erlesenen des Erstlings der Nationen, [an die sich das Haus Israel hält.] **2** Geht hinüber nach Kalne, und seht, und geht von dort nach Hamath, und geht hinunter zum Gath der Philister. Seid ihr besser als diese Königreiche, oder ist euer Gebiet größer als ihres? **3** Die ihr den Unglückstag von euch weist, und doch bringt ihr die Herrschaft der Gewalttat heran, **4** die auf Elfenbeinbetten liegen und sich auf ihren Diwanen rekeln und die Widder aus einer Herde und die Kälber aus der Mast essen, **5** die grölen zum Harfenklang und ihr Gegröle für Gesang halten. **6** Die aus Weinschalen trinken und die sich mit feinen Ölen salben, aber die Katastrophe Josephs ignorieren. **7** Darum werden sie an der Spitze der Gefangenen ins Exil gehen, um das Gelage der sich rekelnden zu beenden.

1 Wehe denen, die Zion verachten (LXX^D) **2** Jes 10,9; 2Kö 14,25; Am 1,6 **3** Jes 22,13; Am 9,10 **4** 1Kö 22,39 **5** ... ihr wollt Lieder erfinden wie David (EÜ) **7** 2Kö 15,29

V. 1 Das Wehe gegen die Sorglosen von Zion und den auf den Bergen Samarias vertrauenden wirft Fragen auf, weil Amos nur zum Nordreich Israel gesandt wurde (Am 2,4-5 sind von späterer Hand). Das Amos Zion in einem mit Samaria nennt könnte, ebenso wie die drei untergegangenen Königreiche in V. 2, eine gezielte Wirkung auf die Sorglosen in V. 4-6 haben. Juda und Samaria sind eng miteinander verwandt. Zurzeit des Joram wurde die Sorglosigkeit Judas erheblich gestört, als die Philister und der Araber, verbündete der Äthiopier, gegen Juda auftraten (2Chr 21,16-20). Joram wurde bis auf den jüngsten Sohn alles genommen und er starb an einer Krankheit. V. 2 Kalne und Hamath waren nördlich gelegene Königreiche in Aram. Sie wurden im 8. Jahrhundert von Assyrien unter Salmanasser III. überrollt. Das Gath der Philister wurde durch die Aramäer unter Hasael und später noch einmal durch Juda unter Usija zerstört (2Kö 12,18; 2Chr 26,6), und taucht in Am 1,6-8 nicht mehr unter den Philister Städten auf. V. 3 Die gekippte Sorglosigkeit Judas unter Joram und die drei untergegangenen großen Königreiche sollten nachdenklich stimmen, aber Israel verdrängt diese Optionen und sie verschärfen ihre Gewalttaten. V. 4 Die Reichen weiden sich in ihrem Wohlstand V. 5 und sehen sich als kreative Kulturschöpfer. V. 6 Ihr Weingenuss und ihre Körperpflege werden wie ein Kult ausgeführt, bis V. 7 sie schließlich als erstes ins Exil gehen werden.

Amos 6,8-14

8 [Der Herr] JHWH hat bei seiner Seele geschworen, [Spruch JHWHs, Gott der Heerscharen]: Ich verabscheue den Stolz Jakobs und hasse seine Paläste, und ich liefere die Stadt und was sie erfüllt aus. **9** Sollten dann zehn Männer in einem Haus übrigbleiben, werden auch sie sterben. **10** Sein Verwandter muss die Leichen aus dem Haus schaffen. Trifft er jemand im Haus und fragt: ‚Ist noch einer bei dir?' antwortet dieser: ‚Niemand!' und ‚still! Denn man darf JHWH nicht mit Namen nennen. **11** Denn siehe, JHWH gebietet, und er schlägt das große Haus zu Bruch und das kleine Haus zu Trümmern. **12** Rennen Pferde über Felsen, oder pflügt [dort] einer mit Rindern? Ihr verwandelt Recht in Gift und der Gerechtigkeit Frucht in Wermut, **13** die ihr euch über ein Unding freut, die ihr sprecht: ‚Haben wir uns nicht aus eigener Kraft Hörnerpaare genommen?' **14** Siehe! Ich lasse gegen euch, Haus Israel, [spricht JHWH, Gottes der Heerscharen,] eine Nation kommen, die euch bedrückt vom Eingang nach Hamath bis zum Tal der Araba.

8 Hos 5,5; Am 4,2; 8,7; Mi 1,6 **9** Am 5,3 **10** Hab 2,20 **11** Am 3,15 **12** Hos 10,4; Am 5,7 **13-14** Hos 8,6; 10,5-6; 13,2

„Die emotionale Steigerung ist sachlich darin begründet, daß der Gottesdienst in 5,21ff. von Gott nicht per se, sondern darum abgewiesen wurde, weil er von Recht und Gerechtigkeit gelöst, ja an deren Stelle getreten war ... „Haß" und „Abscheu" Gottes gegen die Gewalt in den Palästen Samarias werden noch durch die Einleitung des Verses verstärkt."[39] V. 8 Jehova schwört (Am 4,2; 8,7) bei seinem Leben (Jer 51,14; Heb 6,13). Jakobs Stolz, seine Paläste und seine Hauptstadt mit seinem Treiben sind bei Jehova verabscheut und verhasst! V. 9 Es bleiben deshalb auch der Rest nicht am Leben (Am 5,3). V. 10 Ein Verwandter wird genötigt, die Leichen aus dem Haus zu schaffen. Wenn dort ein Einzelner überlebt hat, verbietet ihn seine Furcht, den Namen Jehovas (als Namensbestandteil) zu nennen. V. 11 Das Gericht wird als zu schrecklich wahrgenommen, wenn alle Häuser in Trümmern versinken! V. 12 Dass Pferde nicht über Felsen rennen oder Rinder dort nicht pflügen können, umschreibt die unmenschlichen Forderungen der Obrigkeit. Sie haben Recht in Gift verwandelt und Gerechtigkeit, in Wermut, der aufstößt.

---

[39] *Jörg Jeremias* Der Prophet Amos ATD 24,2 (1995), Seite 90

Das in V. 13 angesprochene Unding war, wie aus den Hörnerpaaren zu folgern ist, die neu ins Leben gerufene Kälberanbetung Israels, mit deren Hilfe die Bindung der Bürger zum Tempel in Jerusalem unterbrochen werden sollte. So schufen sie sich aus eigener Kraft ihren Gott. V. 14 Eine Nation soll kommen und Israel vom Norden bis tief in den Westen hinein zu bedrücken.

Amos 7,1-9

1 Der Herr JHWH ließ mich sehen: Siehe, ein Heuschrecken-schwarm, als die Sommersaat aufging. [Und siehe, es war die Sommersaat nach dem Schnitt des Königs.] **2** Als er sich daran machte, die Pflanzen des Feldes abzufressen, sagte ich: Herr JHWH, vergib bitte. Wer wird von Jakob aufstehen? Denn er ist klein! **3** JHWH empfand Bedauern. ‚Es soll nicht passieren‘, sprach JHWH. **4** So lies mich der Herr JHWH schauen: Siehe, da rief er einen Feuerregen, der begann das große Meer aufzufressen und ein Stück Land. **5** Und ich sagte: Herr JHWH, lass bitte ab. Wer wird von Jakob aufstehen? Denn er ist klein! **6** JHWH empfand Bedauern. ‚Auch das wird nicht passieren‘, sprach JHWH. **7** So lies der Herr JHWH mich sehen: Siehe, ein Lot war an einer Mauer angelegt und ein Lot war in seiner Hand. **8** JHWH sprach zu mir: ‚Was siehst du, Amos?‘ Da sagte ich: Ein Lot. JHWH sprach: ‚Siehe, ich lege ein Lot mitten in meinem Volk Israel an. Ich werde es nicht weiter vergeben. **9** Die Höhen Isaaks werden verwüstet, und die Heiligtümer Israels werden zertrümmert, und ich will gegen das Haus Jerobeams mit einem Schwert aufstehen.‘

1 Joel 1,4-7; Am 4,9 **4** Joel 1,19-20 **7** Sach 4,10 **9** Am 5,5; 8,14; Hos 13,16

V. 1-3 und V. 4-6 bilden jeweils eine geschlossene interaktive Vision, in der sich Amos erfolgreich für Jakob einsetzen kann. In der dritten Vision in V.7-9 ist Amos zwar beteiligt, aber ohne Fürsprache.

V. 1 Ein Heuschreckenschwarm (1b vgl. Am 4,7b), V. 2 der beginnt, die Pflanzen des Feldes abzufressen, ist selbstredend. Diese beängstigende Vorstellung gilt Jakob und ist vernichtend, weshalb sich Amos darum sorgt, wer von Jakob aufstehen wird, denn er ist klein. V. 3 Jehova empfand Bedauern und sprach, es soll nicht passieren.

V. 4 In der zweiten Vision rief Jehova einen Feuerregen herbei, der anfing, das große Meer aufzufressen und ein Stück Land. V. 5 Amos bittet um Abbruch, denn auch diese furchterregende Vision gilt Jakob, dessen Zukunft gefährdet ist. V. 6 Jehova bedauert abermals.

V. 7 In der dritten Vision sieht Amos ein Lot an einer Mauer und in seiner Hand. V. 8 Amos sieht das Lot inmitten des Volkes Israel angelegt, und Gottes Vergebung ausgesetzt. V. 9 Die Höhen Isaaks und Heiligtümer Israels werden im Krieg gegen Jerobeam zerstört.

Die Visionen des Amos

So schlicht sich die Visionen auch zunächst anfühlen, umso tiefgehender sind deren Botschaften. Heuschrecken sind ein Merkmal der Übergangszeiten, die Israel überstehen wird. Ein Feuerregen auf das Meer und Teile des Landes spiegelt eher die Erwärmung der Meere und Teile der Erde wider, eine große Klimakrise. Beide Krisenzeiten werden überwunden.

Die vier kleinen Visionen des Amos

der Heuschreckenschwarm	der Feuerregen auf Meer und Land
1 Der Herr JHWH ließ mich sehen. Siehe, ein Heuschreckenschwarm, als die Sommersaat aufging [Und siehe, es war die Sommersaat nach dem Schnitt des Königs] **2** Als er sich daran machte, die Pflanzen des Feldes abzufressen, sagte ich: Herr JHWH, vergib bitte. Wer wird von Jakob aufstehen? Denn er ist klein! **3** JHWH empfand Bedauern ‚Es soll nicht passieren', sprach JHWH – Amos 7,1-3.	**4** So ließ mich der Herr JHWH schauen. Siehe, da rief er einen Feuerregen, der begann das große Meer aufzufressen und ein Stück Land. **5** Und ich sagte: Herr JHWH, lass bitte ab. Wer wird von Jakob aufstehen? Denn er ist klein! **6** JHWH empfand Bedauern ‚Auch das wird nicht passieren' sprach JHWH – Amos 7,4-6.
das Lot an der Mauer	der Korb mit Sommerobst
7 So ließ der Herr JHWH mich sehen. Siehe, ein Lot war an einer Mauer angelegt und ein Lot war in seiner Hand. **8** JHWH sprach zu mir: ‚Was siehst du, Amos?' Da sagte ich: Ein Lot. JHWH sprach: ‚Siehe, ich lege ein Lot mitten in meinem Volk Israel an. Ich werde es nicht weiter vergeben **9** Die Höhen Isaaks werden verwüstet, und die Heiligtümer Israels werden zertrümmert, und ich will gegen das Haus Jerobeams mit einem Schwert aufstehen' – Amos 7,7-9.	**1** So ließ der Herr JHWH mich sehen. Siehe, ein Korb Sommerobst **2** Dann sprach er: ‚Was siehst du, Amos?' Da sagte ich: Einen Korb Sommerobst. JHWH sprach zu mir: ‚Das Ende ist für mein Volk Israel gekommen. Ich werde sie nicht mehr weiterhin vergeben' **3** ‚An jenem Tag wehklagen die Tempelsängerinnen'spricht der Herr JHWH ‚eine Fülle an Leichen überall wirft man sie hin – still!' – Amos 8,1-3.

Das Lot an der Mauer stellt eine Schwelle da, an der nicht weiter vergeben wird. Das gleiche kann vom Korb mit Sommerobst gesagt werden, der in einem Wortspiel zum Ende von Israel steht. Erwartungsgemäß stehen am Ende der Visionen Vernichtung, Trauer und Tod (Am 7,9; 8,3). Unterscheiden sich beide Paare in der Erscheinungszeit, so ist von der dritten zur vierten Vision eine Verschärfung zu beobachten. Trifft es erst die Regierung mit ihren Götzentempeln, so sind es zuletzt die Menschen, die in Tod und Trauer versinken. Die Gründlichkeit des Gerichtes folgt in Amos fünfter Vision.

Amos 7,10-17

10 Da sandte Amazja, der Priester von Bethel, zu Jerobeam, dem König von Israel, und ließ sagen: Amos bringt einen Aufruhr mitten im Haus Israel gegen dich. Das Land kann all seine Worte nicht ertragen. **11** So hat Amos gesprochen: ‚Durch das Schwert soll Jerobeam sterben, und Israel muss von seinem Boden weg ins Exil gehen.' **12** Amazja sprach zu Amos: Seher, geh und fliehe in das Land Juda, und dort iss Brot und prophezeie. **13** Aber in Bethel sollst du nicht mehr prophezeien, denn es ist das Königsheiligtum und ein Reichstempel. **14** Amos antwortete und sprach zu Amazja: Ich bin kein Prophet oder Prophetensohn, sondern ich bin ein Hirte und ein Maulbeerfeigenzüchter. **15** JHWH nahm mich hinter der Herde weg, und JHWH sprach zu mir: ‚Geh, prophezeie meinem Volk Israel.' **16** Und nun höre das Wort JHWH: ‚Du sagst: Du sollst nicht gegen Israel prophezeien und nicht gegen das Haus Isaaks geifern? **17** So hat JHWH gesprochen: Deine Frau wird in der Stadt zur Hure. Deine Söhne und deine Töchter fallen durch das Schwert. Dein Boden wird mit einer Messschnur verteilt. Du stirbst auf unreinem Boden und Israel wird ins Exil gehen.'

10 Am 5,27; 6,7; 9,4 **11** Am 5,5; 6,7 **12-13** Am 2,12 **14** Am 1,1 **16** Am 2,12; Mi 2,6 **17** Am 7,13

Die Visionen in V. 1-9 wurden von Amos verkündet. V. 10 Amazja meldet als verantwortlicher Priester von Bethel die dadurch entstandene Unruhe dem König Jerobeam. V. 11 Amazja erwähnt mit dem Tod Jerobeams und dem Exil Israels über V. 9 hinausgehende Einzelheiten. V. 12 Er fordert Amos zur Flucht nach Juda auf, um dort zu leben und zu wirken. V. 13 Bethel sei als Heiligtum des Königs und des Landes dafür nicht geeignet. In V. 14 erklärt Amos seine Herkunft. Er ist Hirte und Maulbeerfeigenzüchter. V. 15 Sein Auftreten in Israel ist nicht beruflich, sondern aufgrund seiner Berufung. V. 16 Amos prophezeit Amazja, der seine Reden gegen die Heiligtümer unterbindet, V. 17 dass seine Frau in der Stadt zur Hure würde, was auch als Anspielung auf das religiöse Zentrum verstanden werden könnte, das dem König huldigt! Seine Kinder kommen im Krieg um, er stirbt außerhalb und Israel geht ins Exil.

Amos 8,1-8

1 So lies der Herr JHWH mich sehen: Siehe, ein Korb Sommerobst. **2** Dann sprach er: ‚Was siehst du, Amos?' Da sagte ich: Einen Korb Sommerobst. JHWH sprach zu mir: ‚Das Ende ist für mein Volk Israel gekommen. Ich werde sie nicht mehr weiterhin vergeben.' **3** ‚An jenem Tag wehklagen die Tempelsängerinnen', spricht der Herr JHWH ‚eine Fülle an Leichen. Überall wirft man sie hin — still!'

4 Hört dies, die ihr Arme zertretet, um zu beseitigen den Armen der Erde, **5** indem ihr sagt: ‚Wann ist der Neumond vorüber, dass wir Getreide verkaufen können? Und der Sabbat, dass wir Korn verkaufen können, um das Epha zu verkleinern und den Schekel zu vergrößern mit trügerischer Waage, **6** um Geringe für Geld zu kaufen und einen Armen für ein Paar Sandalen und um Getreideabfall zu verkaufen?'

7 Geschworen hat JHWH bei Jakobs Hoheit: ‚Nie werde ich all ihre Taten vergessen. **8** Soll deshalb das Land nicht erbeben und jeder Bewohner darauf trauern müssen, wenn es sich hebt wie der Nil und sich senkt wie der Nil von Ägypten?'

1 Jer 24,1 **2** Am 4,12; 7,8; Apk 14,15-19 **3** Hos 10,5; Joel 1,13; Am 6,10 **4** Am 2,6-8 **5** Hos 12,7; Mi 6,10f **6** Am 2,6 **7** Hos 8,13 **8** Am 9,5

Die vierte Vision V. 1-3 besteht in einem Korb mit Sommerobst, der nicht bedrohlich wirkt, aber für das Ende Israels steht. In V. 3 wehklagen die Tempelsängerinnen, ein Nachklang von Am 7,10-17. Viele Leichen überall würden zum Schweigen führen (vgl. Am 6,10).

V. 4-6 ist eine Verkündigung gegen die Geschäftsleute, die sich über die Geringen und am liebsten auch über deren Ruhetage hinwegsetzen, um andere betrügerisch auszubeuten und Menschenhandel zu betreiben und minderwertige Lebensmittel zu verkaufen.

In V. 7 schwört Jehova (Am 4,2; 6,8) bei Jakobs Hoheit, die sich auf ihn selbst bezieht. Ihre Taten bleiben unvergessen! V. 8 Das ist der Grund, weshalb das Land beben wird und die Bewohner trauen müssen. Das Land würde sich heben und senken wie der Nil in Ägypten (Am 1,1; 2,13-16; 9,1.5).

Das große Erdbeben

Von Anfang an (Am 1,1) ist ein reales Erdbeben zurzeit Jerobeams zu verzeichnen gewesen, das in Am 2,13-16 gegen die Militärmacht Israel gerichtet werden soll. Doch ist ein Erdbeben, bei dem Gott Kriegern eine Niederlage beibringt, aus dieser Zeit nicht bekannt!

Israel sollte durch die assyrische Weltmacht bezwungen werden (Am 3,9-11). Es wären große militärische Verluste zu beklagen (Am 5,3; 6,9). Die Sorglosen (Am 6,7) würden, wie angekündigt (Am 7,11) und wie zuvor schon die Syrer (Am 1,5) jenseits von Damaskus (Am 5,27) ins Exil gehen, wo sie das Schwert weiterverfolgen würde (Am 9,4).

Ein Erdbeben erscheint erst wieder in Am 8,8 und Am 9,5. Dort werden in der Vision die Veränderungen in der Erdkruste mit der jahreszeitlichen Veränderung des Nilstandes verglichen.

Die drei ägyptischen Jahreszeiten Achet – *Überschwemmung*, Peret – *Aussaat*, Schemu – *Hitze/Ernte* von jeweils vier Monaten drehen sich ausschließlich um den Nil.

Es ist folglich in naher Zukunft damit zu rechnen, dass uns die Verschiebungen der Erdplatten sehr viel mehr beschäftigen werden, als wie das bereits der Fall ist! Da nützt auch militärische Überlegenheit mit seiner Brutalität in der Kriegsführung nichts (Am 2,14f). Es ist eine direkte Folge der sozialen Ungerechtigkeiten und der systematischen Ausrottung einer von unbändiger Habgier getriebenen Führungsriege, die sich über alles, was Gott für Menschen festgelegt hat hinwegsetzt, und organisierten Menschenhandel fördert (Am 8,4-6).

Jehova hat geschworen, diese Taten nicht zu vergessen (Am 8,7), und deshalb durch Erdbeben jeden Bewohner des Landes in Trauer versetzen, wenn es sich hebt und senkt wie der Nil (Am 8,8). Die Beschreibung lässt einen länger anhaltenden Charakter vermuten, bei dem Menschenmengen auf der Flucht sein werden (ApkBar 70,6-10).[40]

---

[40] *Harald Schneider* Biblische Offenbarungsschriften über den letzten großen Weltenherrscher (2019); Parallele Überlieferung der Adler-Vision S. 63f

9 ‚An jenem Tag wird es geschehen‘, ist der Spruch des Herrn JHWH, ‚lasse ich die Sonne am hellen Mittag untergehen, und bringe Finsternis über das Land am hellen Tag. **10** Ich kehre eure Feste in Trauer um, und alle eure Lieder in Klage, und bringe auf alle Hüften Sacktuch, und auf jedes Haupt Kahlheit, gleich der Trauer um einen Einzigen, und das Ende wie einen bitteren Tag.‘

11 ‚Siehe! Es kommen Tage‘, ist der Spruch des Herrn JHWH, ‚da will ich einen Hunger in das Land senden, einen Hunger, nicht nach Brot, und einen Durst, nicht nach Wasser, sondern zu hören das Wort JHWHs. **12** Sie sollen wanken von Meer zu Meer und von Norden nach Osten. Sie werden umherschweifen auf der Suche nach dem Wort JHWH, aber sie werden es nicht finden. **13** An jenem Tag sinken die schönen jungen Frauen zusammen, die jungen Männer vor Durst, **14** die bei der Schuld Samarias schwören und sprechen: ‚So wahr dein Gott lebt, Dan!‘ und: ‚So wahr die Macht von Beerscheba lebt!‘ Und sie werden fallen und nicht mehr aufstehen.

9 Mi 3,6 **10** Jes 3,24; 6,26; Hos 2,13 **11** Mat 4,4 **13** Sach 9,17 **14** 1Kö 12,29; Am 5,5

V. 9-10 sprechen nach dem Beben in V. 8 von einem weiteren Phänomen, das so nur etwa alle vierhundert Jahre vorkommt.

V. 9 Die Sonne würde am hellen Mittag untergehen, eine Finsternis am hellen Tag. Die totale Sonnenfinsternis vom 15. Juni 763 ist ein Vorzeichen der folgeschweren Ereignisse. **V. 10** Das dies ihre Feste in Trauer verwandelt, ein Ende wie ein bitterer Tag, ist Vorzeichen des Untergang Israels, gleich der Trauer um einen Einzigen. Die Jahre bis zum tatsächlichen Untergang Israels erklären sich durch die Chronologie des Jona, der zurzeit dieser Finsternis nach Ninive gesandt wurde (siehe [Vorwort zu Jona], vgl. dazu Am 5,7b; 7,1b).

V. 11 Die Zeit des geistigen Hungers für Israel trat mit dem Ereignis in V. 9 als Vorzeichen ein. Eine totale Sonnenfinsternis warf damals die Frage auf, welcher König zu Fall kommen würde? War es der assyrische Großkönig (Hos 5,13; 10,6) als Herr der Sonne oder ein Großkönig Ägyptens, der mit dem Sonnengott Re involviert ist?

V. 11 Ein Hunger nach einer sicheren Zukunft durch das Wort Jehovas wird für Israel die nächsten vierzig Jahre zu einem Bedürfnis, V. 12 das sich innerhalb der damaligen Grenzen, vom Meer bis zum Meer der Wüste und vom stärker werdenden Norden bis zum Osten, nicht lösen lassen (Tob 14,4.8). V. 13 Junge Menschen sehen einfach keine Zukunft mehr, und verzweifeln allmählich. V. 14 Sie schwören aber immer noch bei der Schuld Samarias, d. h. sie glauben weiter an ihre kultischen Zugangswege zu Gott und halten daran fest, von Dan im Norden, bis zum Süden, der Macht von Beerscheba.

Einhergehend mit starken Veränderungen in der Erdkruste (Am 8,8; 9,5) könnten vermehrte Vulkantätigkeiten auftreten, bei deren Ausstoß sich viele Partikel in höheren Luftschichten festsetzen und auf diese Weise auch eine Verdunklung am hellen Tag stattfinden kann. Forscher können heute nachweisen, dass in Folge eines Vulkanausbruches (Laki) in Island 1783/84 der Pegel des Nils auf ein Rekordtief fiel, was damals großen Bevölkerungsteilen den Tod brachte.

Die Finsternis wird häufig zusammen mit Dunkelheit metaphorisch gebraucht, z. B. um Unwissenheit über Gott (Am 8,11-14) zu zeigen. Der Tag Jehovas bringt Dunkelheit (Joel 2,2; Am 5,18-20). Der Ablauf einer Zeit verdunkelt entsprechend Sonne, Mond oder Sterne (Joel 2,10.31; 3,15).

Auffällig stellen die Einfügungen in Am 4,13; 5,8-9 Gott als den Verwandler von Morgenröte zur Dunkelheit, und der den tiefen Schatten in Morgen verwandelt und den Tag zur Nacht verfinstert, da. Sein Gefüge über der Erde, die er gegründet hat, spielt hier eine große Rolle (Am 9,6).

1 Ich sah den Herrn über dem Altar stehen, und er sprach: ‚Ich will das Säulenkapitell schlagen, dass die Schwellen erbeben. Im Erdbeben vernichte ich sie alle, und den Rest töte ich mit dem Schwert. Keiner von ihnen kann fliehen, keiner von ihnen kann sich retten. **2** Wenn sie in die Tiefe graben, holt meine Hand sie von dort, und wenn sie zum Himmel aufsteigen, hole ich sie von dort herunter. **3** Und wenn sie sich auf dem Gipfel des Karmels verstecken, werde ich sie ausfindig machen und fassen. Und wenn sie sich vor meinen Augen auf dem Meeresgrund verbergen, gebiete ich der Schlange, sie zu beißen. **4** Und wenn sie vor ihren Feinden her ins Exil gehen, gebiet ich dort dem Schwert, es soll sie töten, und ich habe meine Augen auf sie gerichtet zum Üblen und nicht zum Guten, **5** [der Herr, JHWH der Heerscharen] der die Erde anrührt, sodass sie wankt und alle ihre Bewohner trauern, wenn es sich hebt wie der Nil und sich senkt wie der Nil von Ägypten. **6** Der in den Himmeln seine Schichten baut und sein Gefüge über der Erde, die er gegründet hat, der nach den Wassern des Meeres ruft, damit er sie über die Erdoberfläche ausgieße‘ — JHWH ist sein Name.

1 Am 2,14-16; Hab 3,13 **2** Ps 139,7-12 **5** Hos 4,3; Am 8,8; Mi 1,4 **6** Hi 36,27; Hos 12,13; Am 4,13; 5,8

V. 1 Amos beobachtet in der Vision den Herrn über dem Altar stehen und seine Absicht erklären, die Prunkbauten (Am 3,10; 6,8) mit einem Erdbeben (Am 1,1; 2,13-16; 8,8) zu schlagen und viele zu vernichten. Das Schwert würde den Rest erledigen. Keiner könnte fliehen oder sich retten. V. 2 Die Zufluchtsorte der Tiefe oder der Höhe verfehlen ihren Zweck. Gottes Hand holt sie von dort. V. 3 Der Gipfel des Karmel (Am 1,2) als höchster Berg in Israel ist als Versteck ungeeignet und der Meeresgrund (Jona 1,14-16) führt zu einem verordneten Schlangenbiss (vgl. Jona 2,1.11). V. 4 Das Schwert aus V. 1 verfolgt sie selbst im Exil weiter. V. 5 wiederholt das Erdbeben in Am 8,8 und V. 6 erinnert wieder (Am 4,13; 5,8.9) an Aussagen des Hiob (siehe [Die Sternbilder in Amos 5,8 und Hiob 38,31-32]).

Die Stufen oder Schichten der Himmel sind uns als Sphären bekannt, die auch als Säulen der Himmel beschrieben werden, und im Abstand zwischen der Erde und dem Weltraum stehen, wo Teile der Wasserkreisläufe stattfinden (Am 5,8; Hi 36,27-30).

Amos 9,7-15

7 ‚Seid ihr mir nicht wie die Söhne der Kuschiten, Söhne Israels?‘ ist der Spruch JHWHs. ‚Führte ich nicht Israel selbst aus dem Land Ägypten herauf und die Philister aus Kreta und die Aramäer aus Kir?‘ **8** ‚Siehe! Die Augen des Herrn JHWH sind über dem sündigen Königreich, und er wird es von der Erdoberfläche vertilgen. Doch werde ich das Haus Jakob nicht vollständig vertilgen‘ spricht JHWH. **9** ‚Denn siehe, ich gebiete, und schüttle das Haus Israel unter allen Nationen, wie man das Sieb schüttelt, sodass kein Steinchen zur Erde fällt. **10** Durch das Schwert werden alle Sünder meines Volkes sterben, die sprechen: ‚Das Unglück um uns naht nicht und trifft uns nicht.‘ **11** An jenem Tag richte ich die Hütte Davids auf, die verfallen ist, und ich werde ihre Breschen ausbessern. Und ihre Trümmer werde ich aufrichten, und ich werde sie aufbauen, wie in den Tagen der Vorzeit, **12** damit man den Rest Edoms in Besitz nimmt und alle Nationen, über die mein Name genannt worden ist‘, Spruch JHWHs, der dies tut. **13** ‚Siehe! Es kommen Tage‘, ist der Spruch JHWHs, ‚da wird der Pflüger den Schnitter einholen und der Kelterer den Sämann, und die Berge triefen von Most, und die Hügel weichen auf. **14** Ich wende das Geschick meines Volkes Israel, und sie sollen die verödeten Städte aufbauen und sie bewohnen, und Weingärten pflanzen und ihren Wein trinken, und Gärten anlegen und ihre Frucht essen. **15** Und ich werde sie auf ihrem Boden pflanzen, und sie werden nicht mehr aus ihrem Boden herausgerissen werden, den ich ihnen gegeben habe‘, hat JHWH, dein Gott, gesagt.

9 Lev 26,33 **10** Am 6,1-6 **11** Apg 15,16f **12** Num 24,18 **13** Lev 26,5 **14** Am 5,11

V. 7 Israel muss sich der ernüchternden Tatsache stellen, dass wie Israel aus Ägypten, so auch andere Völker in andere Gebiete geführt wurden (Am 1,5; 3,2). V. 8 Dem sündigen Königreich steht das Ende bevor, jedoch nicht die Ausrottung (vgl. Am 1,8). V. 9 Israel wird unter die Nationen gestreut (Am 5,27), wie durch ein Sieb geschüttelt. V. 10 Alle Sünder und Leugner des Unglücks werden durch das Schwert umkommen. V. 11 Die verfallene Hütte Davids würde aufgerichtet und wie früher wieder aufgebaut werden. V. 12 Der Rest Edoms würde in Besitz genommen werden (Ob 19). V. 13-15 Das Geschick des Volkes wird gewendet (Hos 6,11; Zep 3,20)! Sie erlangen guten Wohlstand und Fruchtbarkeit im Land und werden auf ihrem Boden fest verwurzelt werden.

Die vier Verbrechen, damals und heute und wir

Das Nordreich Israel geriet durch sein Verhalten mit Syrien, Phönizien und den Söhnen Ammons & Moabs in eine Kollektivschuld. Es kann zusammengefasst werden, dass bei diesen vier Auflehnungen gegen Gott eine Strafe nicht abgewendet werden kann:

1) Der Brutalität in der Kriegsführung (Am 1,4)

2) Der organisierte Menschenhandel (Am 1,6)

3) Die systematische Ausrottung (Am 1,13)

4) Der sozialen Ungerechtigkeit (Am 2,6-8)

Unbestreitbar besteht eine Affinität zwischen den Problemen damals und den Problemen heute. Es geht nicht nur um Israel (Am 9,7)!

Geschworen hat JHWH bei Jakobs Hoheit: ‚Nie werde ich all ihre Taten vergessen. Soll deshalb das Land nicht erbeben und jeder Bewohner darauf trauern müssen, wenn es sich hebt wie der Nil und sich senkt wie der Nil von Ägypten? – Am 8,7-8 und Am 9,5-6:

Der die Erde anrührt, sodass sie wankt und alle Bewohner trauern, wenn es sich hebt wie der Nil und sich senkt wie der Nil von Ägypten. Der in den Himmeln seine Schichten baut, und sein Gefüge über der Erde, die er gegründet hat, der nach den Wassern des Meeres ruft, damit er sie über die Erdoberfläche ausgieße – JHWH ist sein Name.

Das Erdbeben zurzeit des Amos (Am 1,1) war nur ein Vorzeichen (Luk 21,25-26). Der gesamte Aufbau des Buches Amos regt dazu an, in dem damaligen Gericht an den Nationen ein Vorgehensmuster für unsere Zeit zu erblicken (Am 1,2; Joel 3,16).

Die Menschen sind heute, am Tag Jehovas, zum Spielball zwischen einem Löwen und einem Bären geworden, wie die vielen Konflikte, die vielen getöteten Zivilisten und die vielen Flüchtlinge deutlich machen (Am 5,18-20). Niemand kann sich mehr auf seine eigene Regierung gleich einer Wand stützen, ohne Gefahr zu laufen, gebissen zu werden (z. B. vom US-Fundamentalismus, der nationale Interessen, die richtige Führungsperson mit der Religion vereinigt).

Die Apokalyptik warnt vor diesen Zeiterscheinungen (Mat 24,3-5.11. 23-28.32-34.43-45)! Meide deshalb jeden Anteil daran wie die Pest.